日本語で考える・話す・結論を出す

留学生のための
ディスカッション
トレーニング

Consensus Building
基礎 から 合意形成 まで

香月裕介
KATSUKI Yusuke

下岡邦子
SHIMOOKA Kuniko

福原香織
FUKUHARA Kaori

著

●「日本語教育の参照枠」準拠●
対象レベル
B1–B2

はじめに

　日本語を学ぶ留学生が、日本語でのディスカッションを求められる機会は多いです。例えば学校では、グループでディスカッションを行い、話した内容をグループごとに発表する活動が行われることは珍しくありません。また、日本での就労を希望する場合には、就職活動の際にディスカッションが課されることもありますし、就職後に業務を遂行する上でも、ディスカッションは必要不可欠なものです。より日常的な場面に目を向けてみると、友人と旅行先を相談して決める、というのもディスカッションの一つだと言えるでしょう。

　これらのディスカッションに共通しているのは、「相手と協力的に意見交換を行い、一つの結論を出す（＝合意形成をする）」という手続きです。このような手続きが適切にできるようになるためには、会話とは別にディスカッションの表現や技術を体系的に学ぶ必要があります。なぜなら、意見交換・合意形成を目的としたディスカッションの手続きは、意思疎通・コミュニケーションを目的とした会話の手続きとは、使われる表現も求められる技術も大きく異なるからです。そこで、私たちは、留学生にはディスカッションを体系的に学ぶ授業が必要だと考えて、2016 年から実践しています。そして、現在に至るまで、毎年、教材を作成しては授業を行い、教材と授業内容の検討・改善を繰り返してきました。その成果をまとめたのが、このテキストです。

　このテキストは、ディスカッションに必要な表現と技術を身につけること、それらを適切に使ってディスカッションに参加すること、協力して結論を出すことを通して、留学生がディスカッションを楽しみ、ディスカッションに貢献できるようになることを目標としています。そのために、テーマに沿ったディスカッションを実際に行う「実践編」に加えて、あいづちや役割分担、記録の取り方といったディスカッションの基礎を学ぶ「解説編」、ディスカッションに必要な思考の整理や意見の言い方、結論の出し方をまとめた「技術編」を設けました。「実践編」の達成目標は、「日本語教育の参照枠」の B1 〜 B2 レベルの記述文を下敷きにしていますが、学習者のレベルやニーズに合わせて「解説編」や「技術編」の内容を取捨選択することができ、幅広く活用することが可能です。

　多くの先生方、留学生にこのテキストをお使いいただき、ディスカッションで意見を交わし、互いの考えを知ること、協力して結論を出すことの楽しさを経験していただければ幸いです。

2024 年 11 月　著者一同

目次 CONTENTS

はじめに　iii

このテキストをお使いになる先生方へ　vi
（1）テキストの構成　vi
（2）授業計画の例　vi
（3）各 Step の活動の説明　ix

第1部　実践編

実践1　選択型ディスカッション（A）……………………………………… 3
　　　　「都会と田舎、住むならどちらがいいか」

実践2　選択型ディスカッション（B）……………………………………… 19
　　　　「アルバイトをするなら、何が一番いいか」

実践3　賛否両論型ディスカッション ………………………………………… 35
　　　　「外国人観光客に対する二重価格の設定に、賛成か反対か」

実践4　問題解決型ディスカッション
　　　　「外国語能力を伸ばすには、どうすればよいか」……………………… 53

第2部　解説編

解説1　ディスカッションとは ………………………………………………… 73
解説2　ディスカッションの基礎 ……………………………………………… 81

| 第3部 | 技術編 |

技術1　考える ………………………………………………… 91
技術2　話す …………………………………………………… 103
技術3　結論を出す …………………………………………… 120

| 巻末 | 巻末資料 |

巻末資料1　評価について……………………………………… 142
巻末資料2　達成目標について………………………………… 149
巻末資料3　テーマ例…………………………………………… 155
巻末資料4　日本語表現例……………………………………… 157

このテキストをお使いになる先生方へ

（1）テキストの構成
このテキストは、**実践編・解説編・技術編**の3部構成になっています。

実践編…ディスカッションの実践に取り組む。

選択型(A)、選択型(B)、賛否両論型、問題解決型があります。それぞれのディスカッションの型に応じたテーマ例が巻末資料にありますので、学習者の興味やレベルによってテーマを変えて実施することもできます。

解説編…ディスカッションについて・ディスカッションの基礎について学ぶ。

ディスカッションとはどういうものか、ディスカッションで大切なこと（アイコンタクトや態度など）は何かなどについて解説しています。ディスカッションについてはじめから学びたい場合や、改めて基本的なことを確認したい場合など、必要に応じて参照してください。

技術編…ディスカッションに取り組むときの基本的な技術を学ぶ。

「考える」「話す」「結論を出す」という3項目の技術について、いくつかの「活動」と練習問題「やってみよう」を通じて学べるようになっています。ディスカッションの実践に取り組む前や、授業の時間調整など、必要に応じて部分的に使うことができます。

（2）授業計画の例
ここでは、実践編を授業で扱う際の授業計画の例を紹介します。実践1、実践2では比較的容易な選択型（A）、選択型（B）、実践3、実践4では、より複雑な賛否両論型と問題解決型のディスカッションを行います。構成は各課共通で、大きくディスカッションの準備・本番・報告とふりかえりの3段階に分かれており、それらを五つのステップと11個の活動で構成しています。活動はモジュール型ですので、学習目的や学習者の日本語レベル、時間の都合に合わせて、適宜、省略や短縮をしたり、重点的に行ったりすることが可能です。

・所要時間は、あくまでも目安です。適宜、調整してください。

・ディスカッション本番（ステップ3）までの活動で組むペアやグループは、クラスの規模にもよりますが、できるだけディスカッションの本番とは違うメンバーであることが望ましいです。

中級クラスの例

【1課＝1コマ90分の場合3コマ、1コマ45分の場合6コマを想定】

	項目		形態	内容	所要時間	90分	45分
導入	テーマと目標		全体	・テーマを理解する ・目標を確認する	5～15分	1コマ目	1コマ目
導入	ウォームアップ		ペア	・テーマに関連する話題について話す	5～15分	1コマ目	1コマ目
準備	ステップ1	活動1	個人	・情報を集める	20～30分	1コマ目	2コマ目
準備	ステップ1	活動2	個人	・語彙、表現を確認する	20～30分	1コマ目	2コマ目
準備	ステップ1	活動3	個人	・キーセンテンスを作成する	20～30分	1コマ目	2コマ目
準備	ステップ2	活動4	個人	・自分の考えを整理する	10～20分	2コマ目	3コマ目
準備	ステップ2	活動5	ペア／グループ	・自分の考えを話す	20～30分	2コマ目	3コマ目
本番	ステップ3	活動6	グループ	・ディスカッションをする	30～40分	2コマ目	4コマ目
報告とふりかえり	ステップ4	活動7	グループ	・結論を文章にまとめる	20～30分	3コマ目	5コマ目
報告とふりかえり	ステップ4	活動8	グループ	・結論を報告する	15～25分	3コマ目	5コマ目
報告とふりかえり	ステップ4	活動9	全体	・質疑応答をする	10～20分	3コマ目	6コマ目
報告とふりかえり	ステップ5	活動10	個人	・自分たちのディスカッションについて評価する	10～20分	3コマ目	6コマ目
報告とふりかえり	ステップ5	活動11	全体	・学んだこと、発見したことを話す	10～20分	3コマ目	6コマ目

【 上級クラスの例 】

【1課＝1コマ90分の場合2コマ、1コマ45分の場合4コマを想定】

網掛け部分の活動を省略して、180分で一つのテーマを扱う例を示しています。1回のディスカッションの制限時間を短めにして2回行うなど、実践に重点を置くことも可能です。

		項目	形態	内容	所要時間	90分	45分
導入		テーマと目標	全体	・テーマを理解する ・目標を確認する	5～10分	1コマ目	1コマ目
		ウォームアップ	ペア	・テーマに関連する話題について話す	—		
準備	ステップ1	活動1	個人	・情報を集める	—		
		活動2	個人	・語彙、表現を確認する	10～20分		
		活動3	個人	・キーセンテンスを作成する	10～20分		
	ステップ2	活動4	個人	・自分の考えを整理する	5～10分		
		活動5	ペア／グループ	・自分の考えを話す	—		
本番	ステップ3	活動6	グループ	・ディスカッションをする	30～40分		2コマ目
報告とふりかえり	ステップ4	活動7	グループ	・結論を文章にまとめる	10～20分	2コマ目	3コマ目
		活動8	グループ	・結論を報告する	15～25分		
		活動9	全体	・質疑応答をする	20～30分		4コマ目
	ステップ5	活動10	個人	・自分たちのディスカッションについて評価する	10～20分		
		活動11	全体	・学んだこと、発見したことを話す	10～20分		

（3）各 Step の活動の説明

ここでは、実践編に用意されている11個の活動について、詳しく説明します。活動の中には、次のようなマークがついているものがあります。それぞれのマークの意味は、以下のとおりです。

書きましょう

このマークがついているところは、「書く」ことが中心になっている活動です。自分で考えたり、調べたりしたことを書きます。

調べましょう

このマークがついているところは、「調べる」ことが中心になっている活動です。インターネットや本を使って調べ、情報を集めます。

確認しましょう

このマークがついているところは、「確認する」ことが中心になっている活動です。書いてあることをよく読んで理解しましょう。覚えておくと便利な日本語表現なども確認します。

話しましょう

このマークがついているところは、「話す」ことが中心になっている活動です。ペアで話したり、個人で発表したりする活動があります。もちろん、ディスカッション本番のときは、グループのみんなが話します。

テーマ と 目標の確認（はじめの見開きページ）

まず、①この課で取り組むディスカッションのタイプ（解説2の「ディスカッションのタイプ」参照）とポイント、②流れ、③テーマと背景、④目標を確認してください。①②③は、適宜、確認すれば結構ですが、④は各課で達成したい目標ですので【この課のディスカッションの目標】にあがっていることを学習者が確実に意識できるよう説明してください（ディスカッション終了後「ふりかえり」部分において、この目標についての自己評価をします）。なお、[ ]で示してある資料番号は巻末の日本語表現リストの項目番号です。活動2の（3）でもあらためて確認しますので、ここでは触れなくても結構です。

> **ウォームアップ**

ペア、あるいはクラス全体で、二つの質問についてごく簡単に話してください。あくまでもウォームアップですので、ここでディスカッションが始まってしまわないように気をつけてください。この活動は省略してもいいです。

テーマと目標の確認＋ウォームアップで20分程度を想定していますが、クラスの状況によって調整してください。

ステップ1　下準備　情報を集め、語彙や表現を確認する

全体で70分程度を想定していますが、宿題にすることもできます。また、学習者のレベルや、 活動1 　活動2 　活動3 　のどの部分に重点を置きたいかで調整してください。例えば、キーセンテンスの作成を重点的に行いたい場合は、活動2を10分、活動3を20分としてもいいでしょう。

活動1 （個人）情報を集める

簡単なテーマであれば何も調べずにディスカッションに入ることも可能ですが、多角的に考える必要があるテーマの場合は特に、事前の情報収集によってディスカッションの充実度が大きく変わってきます。どのような情報を集めるかは、各課の ポイント！ を参考にしてください。情報収集の仕方がわからない学習者も少なくありませんので、教師が参考になる新聞記事や映像などを提供し、学習者が情報を整理する形でもいいと思います。個人ではなく、ペアやグループで役割分担をして取り組んでもいいです。

活動2 （個人）必要な語彙・表現を確認する

（1）語彙・表現

このテーマでよく使われる、また、よく使われそうな語彙・表現をあらかじめあげてあります。各自が情報収集しながら必要だと思った語彙・表現もリストアップし、意味や使い方、漢字の読み方などを調べて確認してください。

（2）文法的表現

このテーマでよく使われる、また、よく使われそうな文法的表現をあげてあります。どれも中級レベル以上であればすでに学習済みの表現ですが、実際には使ったことがなかったり、接

続形式などを曖昧に覚えていたりする学習者もいますので、あらためて確認してください。短文を作る練習をしてもいいと思います。

（3）ディスカッションを発展させる日本語表現

文法的表現とは異なり、ディスカッションを進めたり深めたりするために使う日本語表現です。各課で掲げている達成目標に合わせて、役に立つ日本語表現の基本的なものを巻末にあげています。どれも決して難しい表現ではなく、ディスカッションの場でよく出てくるフレーズです。これらの表現が自由に使いこなせるようになれば、能動的に、一段階上のディスカッションが行えるようになります。学習者には、すべてを覚える必要はなく、積極的に使いながら身につけていくよう勧めてください。読み合わせや簡単な会話練習、短文を作る練習をしてもいいと思います。

活動3 （個人）キーセンテンスを作成する

キーセンテンスは、言ってみれば、ディスカッションの中で自分がキーとして使う「セリフ」です。複雑な内容や引用情報など、ディスカッションの流れの中で咄嗟にはうまく言えないことを1～2行の簡潔な文にしてストックします。部分的にでも正確な日本語でまとまった発言ができるようになることと、「このテーマではこれが言える」という対応力をもつことが目的です。実際にディスカッションの中で使うかどうかは問いません。

学習者の発話にどこまで「正確さ」を求めるかは、さまざまな意見があるかと思いますが、認定日本語教育機関の認定基準などの検討に関するワーキンググループ「3分野ごとの言語活動別の目標」の留学分野（B2-会話）にも「正確に」「文法も正確で」という記述があるように、中級以上はできるだけ正確な日本語を話す意識づけをしていきたいところです。また、学習者自身が話す際に曖昧にしてきたこと（活用形や助詞など）、パターン化した表現などを見直し、改善する機会にもなりますので、ぜひ一定の時間をとって書いてください。宿題にしてもいいです。キーセンテンスができたら、教師がチェックしてください。「発話として適切な長さ、内容か」「文法・表現は適切で正確か」などを念頭に、簡単に添削してください。また、完成したキーセンテンスを声に出して言う練習も、学習者自身で行うよう説明してください。

ディスカッションの前に　自分の考えをまとめて話す

活動 4 （個人）自分の考えを整理する

活動 5 （ペアあるいはグループ）自分の考えをクラスメイトに話す

　　　自分の考えを段落構造がある短い文章にまとめ（活動 4）、発表して聞いてもらう（活動 5）ミニ・スピーチの練習です。発表時間は一人 1 分程度を想定しています。覚えて発表してもいいですし、メモを見ながらでも構いません。活動 5 は、発話量が少ないクラスや、学習者の発話能力の差が大きいクラスでは重点を置くといいと思います。発表後に質疑応答や反論はせず、ここでディスカッションが始まってしまわないように十分注意してください。また、学習者には、ここで作成した原稿をそのままディスカッションで「読み上げる」ことがないように伝えてください。レベルが高いクラスでは、このステップは省略してディスカッション本番にのぞむといいでしょう。あるいは 活動 4 だけを行ってもいいです。

 ディスカッション本番　ディスカッションをする

【ディスカッションを始める前に】

・グループをつくり、着席して役割を決めます。(参照：p.82)。グループの人数は 3、4 名が最適ですが、クラス規模によって調整してください。

・ディスカッションの制限時間を決めて、クラス全体で確認してください。ディスカッション本体（話し合いそのもの）の制限時間は、以下が目安です。

　　　・実践 1、実践 2 でのディスカッション：15 分〜 20 分（最大 20 分）
　　　・実践 3、実践 4 でのディスカッション：20 分〜 30 分（最大 30 分）

制限時間内に必ず「結論」を出すことを強調してください。結論に至らなかったグループがあっても、時間延長はしないようにしてください。

・制限時間を確認したら、クラスで、あるいはグループでディスカッションの流れを確認します。具体的な進め方はディスカッションの型によって少しずつ異なりますので、各課にある流れの図を参考に確認してください（次ページの【各課のディスカッションについて】も参照）。学習者には、もし、ディスカッションの途中で進め方に迷っても、自分たちのグループ内で調整し、自律的にディスカッションを進めるよう伝えてください。

【参考】一つのグループがディスカッションを行っているのを、ほかのグループが観察・評価をするという方法もあります。ほかのグループがどのようにディスカッションを行っているのかを知るよい機会です。このやり方は、テストのときにも使えます。

活動6 ディスカッションの実施

・役割が決まり、制限時間とディスカッションの流れの確認が終わったら、ディスカッションを始めます。各グループのタイムキーパーの合図でディスカッションをスタートし、制限時間がきたらタイムキーパーの合図で終了してください。ディスカッションは決められた時間内に結論を出すことが大切ですから、時間管理は重要です。タイムキーパー役の学習者だけに任せず、メンバー全員が時間配分に気を配るように説明してください。

・各課のワークシート「ディスカッションの記録」は、書記だけに任せるのではなく、メンバー各自がメモを取ります。書き方にこだわる必要はありません。メモの書き方に気を取られて発言が減ってしまっては本末転倒なので、学習者自身が思考の整理をしやすいように、自由に使ってください。ただし、書記は責任をもってきちんと記録しなければなりません。(参照：p.84)

各課のディスカッションについて

ここで、各課のディスカッションの注意点と進め方の概略を説明しておきます。なお、結論の出し方は「技術3」でも詳しく説明していますので、そちらも参照してください。

実践1 選択型ディスカッション(A)

「提示された二つの選択肢のうち、どちらがよいか」を話し合うタイプのディスカッションです。二つのうち一つを選ぶのは簡単なことのようですが、直感ではなく十分な根拠をもとに判断することが必要です。制限時間は15〜20分が目安です。この時間で「前提条件の確認」から「結論を出す」までを行います。

● 前提条件を確認する ／ 意見を出し合う ／ 論点を決める

指定された前提条件を確認し、前提条件を念頭に置きながら話し合います。論点は話し合う前に決めておいてもいいですし、意見を出し合う中で見えてきた「重視すること」を論点としてもいいです。どちらの場合も、論点は三つほど設定するといいでしょう。論点が決まったら、ディスカッションの記録の「論点」のところにメモして、論点ごとに意見を出し合います（記録用紙は、タテが論点を書くところになっています）。論点ごとに意見を出し合うことで、話し

合いの脱線が防げます。また、脱線した場合も軌道修正が簡単です。もし、設定した論点とは関係のない意見を出している学習者がいたら、論点に関係のある意見を出すよう促しましょう。

● **論点ごとに意見を整理する**

　ある程度意見が出たら、ディスカッションの記録を見てそれらの意見を整理します。整理の仕方として、各意見に以下のような印をつけると、どのような意見が出たのかがよくわかり便利です。

　　○印：説得力がある意見
　　✓印：おもしろい意見、新しいと思った意見、深く考えさせられた意見、重要性を感じた意見、強く共感できた意見、など

● **結論を出す**

　ディスカッションの記録を見ながら結論を出します。結論はグループのメンバーが話し合った上で出す「合意形成」であることが重要です。そのため、結論はメリットの多さだけで決めるのではなく、グループのメンバーが納得できるものである必要があります。もし、じゃんけんや多数決で結論を出そうとする学習者がいる場合は、ディスカッションの記録をよく見て、それぞれの意見をきちんと検討するよう指導する必要があります。また、最終的な結論がテーマに沿ったものになっているかどうかも確認が必要です。

実践2　選択型ディスカッション(B)

　「テーマについてどのような選択肢があるか、そのうちのどれが最もよいか」を話し合うタイプのディスカッションです。論点を自分たちで探し出し、さらに、それに沿ったアイディア（選択肢）を考え、検討するというやや複雑な過程を経ます。制限時間は15〜20分が目安です。この時間で「前提条件の確認」から「結論を出す」までを行います。

● **前提条件を確認する　/　意見を出し合う　/　論点を決める**

　指定された前提条件を確認し、前提条件を念頭に置きながら話し合います。論点は話し合う前に決めておいてもいいですし、意見を出し合う中で見えてきた「重視すること」を論点としてもいいです。どちらの場合も、論点は三つほど設定するといいでしょう。論点が決まったら、ディスカッションの記録の「論点」のところにメモします（記録用紙は、ヨコが論点を書くところになっています）。

● 論点ごとに選択肢をあげ、検討する

　論点ごとに選択肢をあげ、ディスカッションの記録の「選択肢」のところにメモします（記録用紙は、タテが選択肢を書くところになっています）。そして、それぞれの論点における選択肢について、意見（メリット、デメリット、特徴、可能性など）を出し合い、それらをディスカッションの記録にメモします。ある程度意見が出たら、ディスカッションの記録を見てそれらの意見を整理します。整理の仕方として、各意見に以下のような印をつけると、どのような意見が出たのかがよくわかり便利です。

　　○印：説得力がある意見
　　✓印：おもしろい意見、新しいと思った意見、深く考えさせられた意見、重要性を感じた意見、強く共感できた意見、など

● 結論を出す

　ディスカッションの記録を見ながら結論を出します。注意点は実践1と同様です。

実践3　賛否両論型ディスカッション

　「テーマについて、賛成・反対どちらを支持するか」を話し合うタイプのディスカッションです。個人の持論に固執せず、異なる立場（視点）に共感し、それぞれの事情を理解した上で話し合うことが求められます。賛成・反対どちらかを選ぶという点では、選択型（A）の延長上にあると言えるのですが、テーマが心理・信条に絡むものになることがあり、結論を出すのが最も難しいディスカッションかもしれません。制限時間は20～30分が目安です。この時間で「前提条件を設定する」「立場（視点）を決める」から「結論を出す」までを行います。

● 前提条件を設定する、立場（視点）を決める

　実践1と実践2では前提条件が提示してありましたが、実践3と実践4では自分たちで考えるところから始まります。前提条件とは、簡単に言えば「どのような場合について話し合うか」ということです。さらに、実践3では「誰の・どんな立場（視点）から考えるか」も決めます。立場（視点）は、多ければその分「多角的」ということができますが、あまりたくさんあっても時間内に結論を出すことが困難になるので、三つ程度決めればよいでしょう。難しければ、ワークシートに書いてある例の中から選んでもいいです。

● 立場（視点）ごとに賛成意見・反対意見を出す

　前提条件と立場（視点）が決まったら、三つの立場（視点）それぞれから見た賛成意見・反対意見を出し合い、ディスカッションの記録（2）にメモしていきます。

● 出た意見を論点ごとに整理する

　立場（視点）ごとに出た意見を眺めてみると、このテーマにおいてどのようなことが問題となっているのか、すなわち何が「論点」となるのかが見えてきます。論点は一つとは限りません。ここでは、三つほど論点をしぼって記録用紙の（3）1～3の下線部に書きます。そして論点ごとに、先に出た意見を転記して整理していきます。

● 結論を出す

　「結論を出す」には、結論を出すときに考慮するべきことが書いてあります。①の「多くの意見が出た立場（視点）」とは、それだけ、みんなが注視している立場であり、②の「多くの意見が出た論点」とは、このテーマにおいてみんなが重視していることであると言えます。ただ、意見の数が結論の決め手となるわけではありません。③に書いてある観点も入れ、記録を見ながらグループのメンバーがさらに話し合い、納得できる結論を導き出さなければなりません。

実践4　問題解決型ディスカッション

　「テーマについて、どうすれば解決できるか」を話し合うタイプのディスカッションです。知識や想像力を駆使してアイディアを出していくことが求められますが、まず、解決するべき問題点をグループのメンバー全員で共有することが重要です。そして、最善の解決策を提示するためには、さまざまなアイディアをさらに検討する必要があります。そのためには一定の基準（＝評価のポイント）が必要です。実践4では、それも各グループで話し合って決めます。複雑な過程を経ますので、メンバー全員で協力して話し合いをコントロールすることが不可欠です。制限時間は20～30分が目安です。この時間で「前提条件を設定する」から「結論を出す」までを行います。

● 前提条件を設定する

　前提条件を三つ考えることから始まります。ディスカッションの記録（1）に書いてある例の中から選んでもいいです。

● アイディアを出し合い、検討する

　前提条件が決まったら、それに基づいてアイディアをどんどん出していき（目標10個）、ディスカッションの記録（2）にメモしていきます。ただアイディアをあげるだけでなく、理由、メリット／デメリット、特徴や可能性なども話します。

● アイディアを評価する／アイディアをしぼりこむ

　アイディアが出そろったら、グループで「評価のポイント」を一つ決めます。「評価のポイント」とは、アイディアを採用する際の基準です。言い換えれば、グループが「この問題を解決するアイディアに求めること、重視すること」です。記録（2）を見ると、メンバーがこのテーマにおいてどのようなことを重視して意見を言っているのかがわかってきます。評価のポイントが決まったら、それにしたがって記録（2）にあるアイディアを一つずつ◎、〇、△、×など評価ポイントとの合致程度がわかるような印をつけて評価していきます。ここで注意したいのは、機械的に、◎がついたアイディアを一つだけ選んで結論にするのではないということです。この時点では、◎、〇がついたアイディアはすべて結論の候補です。

● 結論を出す

　◎、〇がついたアイディアについて、さらに話し合います。「結論を出す」には、結論を出すときに考慮するべきことが書いてあります。◎、〇がついたアイディアをあらためて見ると、融合できるものや、部分的に生かせそうなものがあるかもしれませんし、場合によっては新たなアイディアが生まれるかもしれません。また、意外と前提条件やテーマと合っていない、結論としてはふさわしくないということもあります。客観的な根拠に裏打ちされているアイディアは、説得力があると言えます。記録を見てグループのメンバーがさらに話し合い、納得できる結論を導き出さなければなりません。

さらにステップアップ

　同じディスカッションの型とテーマで、前提条件やメンバーの立場を変えるなどして、さらに練習することができます。ディスカッションは慣れることが大切ですから、時間が許せば、ぜひこのタスクにも取り組んでください。

ステップ4 結論の報告　ディスカッションの成果を確認する

　全体で60分程度を想定しています。ここでは 活動6 で行ったディスカッションの成果の確認（「結論の報告」と「質疑応答」）が活動の中心となります。上級クラスでは 活動9 （質疑応答）の所要時間を長めに設定して、クラスでの意見交換を重点的に行ってもいいでしょう。中級クラスでは「活動7 （報告の準備）」の所要時間を長めに設定して、まずは、ディスカッションの成果をクラスできちんと報告することに重点を置いてもいいでしょう。このテキストでは、学習者が当事者意識をもって主体的にディスカッションに取り組む動機となるように、結論の報告と質疑応答を重要な活動として位置づけています。ぜひ、省略せずに取り組んでください。

活動7 （グループ）結論を文章にまとめる

　ディスカッションで出した結論を、ワークシートの形式に当てはめる形で文章にしていきます（参照：p.127）。リーダーや報告役の学習者に任せるのではなく、メンバー全員で確認しながら、ワークシートに記入します。

活動8 （グループ）ディスカッションの結論を報告する

　報告を担当している学習者は、活動7 のワークシートを使って、クラスで報告します。

活動9 （全体）質疑応答をする

　報告したグループは、クラスメイトから質問を受けます。応答はグループの誰か一人ではなく、グループ全員で分担してください。（参照：p.111）。

ステップ5 ふりかえり　ディスカッションの完成度を確認する

　全体で30分程度を想定しています。「活動10 （個人でのふりかえり）」15分、「活動11 （全体でのふりかえり）」15分のように時間を配分してもいいです。上級クラスの場合、活動10 の時間を長めに設定して、学習者が「何ができて、何ができなかったのか」ということを十分に確認できるようにしてもいいでしょう。個人でふりかえりをすることが難しいクラスであれば、全体でのふりかえりの時間を長めに設定して、クラス全体で今回のディスカッショ

ンで得られた成果を確認し合ってもいいでしょう。

活動 10 （個人）自分たちのディスカッションについて評価する

個人で（1）自分のグループのディスカッションについての5段階評価と改善すべき点を記入し、（2）結論に対する個人的納得度とその理由、（3）目標達成に対する自己評価をします。すべて記入し終わったら、グループ内で結果を共有してください。なお、（3）の自己評価表は積み上げ式です。前の課までの既出項目もすべて記載してあり、それらが今回のディスカッションでも達成できたかどうか、チェックできるようになっています。太枠内が当課で新しく提示された達成目標で、冒頭の見開きページにあげられている【この課のディスカッションの目標】です。（3）の自己評価は「日本語教育の参照枠」に基づいています。（参照：p.149）

活動 11 （全体）ほかの人の意見から学んだこと・発見したことを話す

最後に、クラス全体で今回のディスカッションを通じてわかったこと、発見したこと、気づいたことなどを話します。特に、ほかの人の意見や考え方から学んだことを、その理由とともに話すことをめざします。

応用

各課のディスカッションの型で話せそうなテーマを考えます。ディスカッションの型を理解できたかどうか確認することができます。自分たちで考えたテーマでディスカッションをしてもいいでしょう。

第1部　実践編

 実践1　選択型ディスカッション（A）

 実践2　選択型ディスカッション（B）

 実践3　賛否両論型ディスカッション

 実践4　問題解決型ディスカッション

実践1 / 選択型ディスカッション（A）

提示された二つ（以上）の選択肢から、よりよいものを一つ選ぶためのディスカッション

選択型ディスカッション（A）のポイント

① そのテーマにおいて、話し合うべき重要なこと（論点）は何かを考える。
② 提示された選択肢について、論点ごとにそれぞれのいい点とよくない点を考える。
③ 前提条件と論点に合ったアイディアをたくさん出す。

選択型ディスカッション（A）の流れ

ステップ1：下準備　情報を集め、語彙や表現を確認する
- 活動1　[個人] 情報を集める
  - **ポイント！** 両方の選択肢について、情報を集める
- 活動2　[個人] 必要な語彙・表現を確認する
- 活動3　[個人] キーセンテンスを作成する

ステップ2：ディスカッションの前に　自分の考えをまとめて話す
- 活動4　[個人] 自分の考えを整理する
- 活動5　[ペアまたはグループ] 自分の考えをクラスメイトに話してみる

ステップ3：ディスカッション本番　ディスカッションをする
- 活動6　[グループ] ディスカッションの実施
  役割を決める、制限時間を確認する、ディスカッションを始める
- ● 前提条件を確認する
- ● 意見を出し合う ⟷ ● 論点を決める
- ● 論点ごとに意見を整理する
- ● 結論を出す

ステップ4：結論の報告　ディスカッションの成果を確認する
- 活動7　[グループ] 結論を文章にまとめる
- 活動8　[グループ] ディスカッションの結論をクラスで報告する
- 活動9　[全体] 質疑応答をする

ステップ5：ふりかえり　ディスカッションの完成度を確認する
- 活動10　[個人] 自分たちのディスカッションについて評価する（自己評価を含む）
- 活動11　[全体] ほかの人から学んだこと・発見したことを話す

テーマ

「都会と田舎、住むならどちらがいいか」

選択肢 1 → 都会に住む

選択肢 2 → 田舎に住む

住まいを決めるとき、「どこに住むか」はとても大切な問題です。その代表的な選択肢として「都会と田舎」があります。都会と田舎には、それぞれにいい点とよくない点があります。それらを検討して、自分の条件に合ったほうを選ぶには、どうすればいいでしょうか。

やっぱり、住むなら都会がいいよね。だって都会は…。

でも、子育てのことを考えたら、田舎のほうがいいよ。田舎は…。

🏁 この課のディスカッションの目標

ディスカッションの基礎を身につける

1. ほかのメンバーの意見に対して、ことばや表情・態度で反応できる。　　［巻末4（2）〜（5）］
2. ほかのメンバーの話がわからないときに、適切なことばを使って確認できる。　［巻末4（6）］
3. はっきりとした、自然な発音やイントネーションで話せる。
4. 礼儀正しいことばづかいができる。

ウォームアップ

● ペアで話しましょう

（1）「都会」「田舎」ということばには、どのようなイメージがありますか。
（2）自分が住むとしたら、周辺はどんな環境がいいですか。

ステップ1 下準備 | 情報を集め、語彙や表現を確認する

> **ポイント！** 両方の選択肢について、情報を集める
>
> 選択型（A）のディスカッションでは、両方の選択肢について、どんなことが論点になるか、現状や事実がどうなっているかを考えながら、必要な情報を集めましょう。

活動1　情報を集める

「都会に住む」「田舎に住む」には、それぞれどのようないい点やよくない点がありますか。本、新聞、ウェブサイトなどから情報を集めましょう。

	選択肢1 都会に住む	選択肢2 田舎に住む
いい点 （メリット）		
よくない点 （デメリット）		

活動 2　**必要な語彙・表現を確認する**

テーマによってよく使われる語彙や文型、表現を知っておくと、ディスカッションがスムーズに進みます。また、その話題になったときに、いつでも使うことができるので、覚えておくと便利です。意味、読み方、アクセントなども確認しておきましょう。

（1）**語彙・表現**　あなたにとって必要な語彙・表現も書いておきましょう。

語彙・表現	読み方	意味・メモ
医療施設	いりょうしせつ	
自給自足（する）	じきゅうじそく（する）	
近所づきあい	きんじょづきあい	
治安	ちあん	
オートロック		

（2）文法的表現

ディスカッションでは、自分の意見を明確に述べることが大切です。自分の意見を発言するときは、「なぜそう考えるのか」という理由もあわせて話すようにしましょう。また、選択型ディスカッション（A）では、選択肢を比較する表現も役に立ちます。

■ 意見と理由を述べる

例1）私は、住むなら　田舎がいい　と思います。　意見

　　　というのは、　田舎　は、空気がきれいで健康的に暮らせるからです。　理由

■ 比較・対照する

例2）　都会　は、　田舎　より公共施設が多いですよね。　比較・対照

（3）ディスカッションを発展させる日本語表現

協力的にディスカッションを進め、発展させるための日本語表現が使えるようになりましょう。【この課のディスカッションの目標】の達成にも役立ちます。

■ ほかのメンバーの意見に反応する

- 賛成（同意）の意志を表明する　　［巻末4（2）］例）そうですね。
- 反対（不同意）の意志を表明する　［巻末4（3）］例）〔直接的〕いえ、｛でも／しかし｝
　　　　　　　　　　　　　　　　　　　　　　　　　〔婉曲的〕そうでしょうか…。
- どちらでもない、迷っている　　　［巻末4（4）］例）うーん、どうでしょうか…。
- いったん認めてから反論する　　　［巻末4（5）］例）｛それはそう／その通り｝
　　　　　　　　　　　　　　　　　　　　　　　　　なんですが、～

■ ほかのメンバーの話がわからないときに確認する

- 相手が言ったことを確認する　　　［巻末4（6）］例）～ということ｛ですね／
　　　　　　　　　　　　　　　　　　　　　　　　　ですか／でしょうか｝。

〔聞き取れないとき〕　　すみません、ちょっと聞き取れなかったんですが…。

〔意味がわからないとき〕すみません、ちょっとおっしゃっていることが…。

活動 3　キーセンテンスを作成する

> ディスカッションで意見を言うとき、一言で終わるのではなく、ある程度の長さで、正確な日本語で話せるように、少しずつ練習をしましょう。使ったことがない表現や、上手に言えない複文、使いたい引用データ、説明が難しいことなどをキーセンテンスとして準備しておきます。

例）何を優先するかは人それぞれですが、少なくとも、交通は便利なほうがいいと思います。

✎ _____

✎ _____

✎ _____

●キーセンテンスについて、以下のことを ✓ しましょう。

☐ 文法（活用形、助詞など）は正しいですか。
☐ 文の最初から最後まで、間違えずに言えますか。
☐ ディスカッションで話すのに適切な表現ですか。
☐ 発音、アクセント、イントネーションは確認しましたか。
☐ 適切な長さ（1〜2行）の文になっていますか。
☐ 情報は正しく引用できていますか。
☐ 相手に正確に伝わる表現ですか。

ステップ2 ディスカッションの前に ｜ 自分の考えをまとめて話す

> ディスカッションで話し合う前に、一度、今の自分の考えをまとめて短いスピーチをしてみましょう。ほかのクラスメイトのスピーチを聞いて、自分の考え方や日本語表現の参考にしましょう。ここでは、聞いている人は質問や反論はしません。

活動 4　自分の考えを整理する

ここまで集めた情報、調べた語彙・表現を参考にしながら、自分の考えを整理し、簡潔な文章にまとめましょう。（参照：p.106）

意見	私は、住むなら { 都会 ／ 田舎 } がいいと思います。
理由と説明	{ なぜなら ／ というのは }、＿＿＿

活動 5　自分の考えをクラスメイトに話してみる

活動 4 の文章を使って、30秒〜1分程度で話してみましょう。ペアでも、数名のグループでもいいです。そして、話してみて自分が気づいたこと（自分の考え、日本語、話し方などで改善したいと思ったこと）をメモし、ディスカッションのときに生かしましょう。

MEMO

ステップ3 ディスカッション本番 | ディスカッションをする

テーマ　「都会と田舎、住むならどちらがいいか」

[役割を決める、制限時間を確認する]
ディスカッションを始める前に、グループの中で役割を決め、制限時間を確認しましょう。タイムキーパーが時計をスタートさせて、ディスカッションを開始します。

● 前提条件を確認する

\START!/　ディスカッションを始める

まず、前提条件を確認します。今回の前提条件は、**「一人で暮らす」**です。

● 意見を出し合う

前提条件を確認したら、グループで意見を出し合います。「一人で都会に住む」場合と「一人で田舎に住む」場合は、それぞれ、どんないい点・よくない点がありますか。その理由も話しましょう。たくさんの意見を出し合い、「ディスカッションの記録」にメモしていきます。

● 論点を決める

グループのメンバーは、どんなことを重視して意見を言っていますか。みんなが重要で、話し合うべきだと考えていることが**「論点」**です。論点は、意見を出し合っていると見えてきます（話し合う前に決めておいてもいいです）。**三つの論点**を決め、それぞれの論点について、さらに意見を出し合います。

● 論点ごとに意見を整理する

「都会に住む」場合と「田舎に住む」場合のメリット（いい点）に〇印、デメリット（よくない点）に×印をつけ、論点ごとに確認します。また、おもしろい意見、新しいと思った意見、深く考えさせられた意見、重要性を感じた意見、強く共感できた意見などにも、✓をつけましょう。

● 結論を出す

結論を出します。結論は、じゃんけんや多数決で一つの意見を「選ぶ」のではなく、グループのみんなで話し合った上で出す**「合意形成」**でなければなりません。メリットの多さだけで決めるのではなく、グループのみんなが納得できるように、話し合って結論を出しましょう。また、最終的な結論が「テーマの答え」になっているかどうかも確認が必要です。（参照：p.123）

活動 6　ディスカッションの実施

● 役割：リーダー＿＿＿＿＿＿＿＿＿＿＿＿　　タイムキーパー＿＿＿＿＿＿＿＿＿＿＿＿
　　　　書記＿＿＿＿＿＿＿＿＿＿＿＿　　　　報告者＿＿＿＿＿＿＿＿＿＿＿＿
● 制限時間：＿＿＿＿分　　● 前提条件：＿一人で暮らす＿＿＿＿＿＿＿

ディスカッションの記録

論点	選択肢1　都会に住む	選択肢2　田舎に住む
論点1 ＿＿＿＿		
論点2 ＿＿＿＿		
論点3 ＿＿＿＿		

結論を出す（参照：p.123）

① 説得力があると思った意見は、「都会」と「田舎」のどちらにありましたか。なぜ、その意見に説得力があると思いましたか。

② 説得力があるとは言えないが、次のような観点から評価できる意見はありましたか。それは、「都会」と「田舎」のどちらにありましたか。

　　おもしろいと思った意見　　新しいと思った意見　　重要性を感じる意見
　　深く考えさせられる意見　　強く共感できる意見

③ ①と②を踏まえて、結論を出しましょう。

④ 最後に、その結論が、テーマ「都会と田舎、住むならどちらがいいか」の答えとして適切かどうか、もう一度確認しましょう。

結 論

理 由

さらにステップアップ

選択型ディスカッション（A）では、次のように前提条件やメンバーの立場を変えることで、より複雑な話し合いができるようになります。下の、**1** **2** のとき、意見や結論がどう変わるか比較してみましょう。

1 前提条件を「友だちと二人で暮らす」に変えて、ディスカッションをしてみましょう。

2 「安全に生活する」ことを前提条件とする立場と、「生活費を低く抑える」ことを前提条件とする立場に分かれて、ディスカッションをしてみましょう。

ステップ4 結論の報告 | ディスカッションの成果を確認する

活動7 結論を文章にまとめる（参照：p.127）

> 私たちのグループでは、都会と田舎、住むなら[都会／田舎]のほうがいいという結論に至りました。

結論

> なぜなら、＿＿＿＿＿＿＿＿＿＿＿＿＿＿＿＿＿からです。

理由

> まず、[都会／田舎]は、＿＿＿＿＿＿＿＿＿＿＿＿＿＿＿＿＿＿＿＿＿＿＿＿＿＿＿＿＿＿＿＿＿＿＿＿＿＿＿。
> また、＿＿＿＿＿＿＿＿＿＿＿＿＿＿＿＿＿＿＿＿＿＿＿。

詳しい説明①

> [都会／田舎]は、＿＿＿＿＿＿＿＿＿＿＿＿＿＿＿＿＿＿＿＿＿＿＿＿＿＿＿＿＿＿＿＿＿＿＿＿＿という意見もありましたが、＿＿＿＿＿＿＿＿＿＿＿＿＿＿＿＿＿＿。
> それから、＿＿＿＿＿＿＿＿＿＿＿＿＿＿＿＿＿＿という意見も出ましたが、＿＿＿＿＿＿＿＿＿＿＿＿＿＿＿＿＿＿＿＿＿。

詳しい説明②

> 以上から、都会と田舎、住むなら[都会／田舎]のほうがいいと考えます。

結論

| 活動 8 | ディスカッションの結論を報告する |

活動7 でまとめた文章を使って、クラスでディスカッションの結論を報告しましょう。

| 活動 9 | 質疑応答をする |

報告が終わったら、クラスメイトから質問を受けましょう（参照：p.111）。受けた質問をメモしましょう。それに対してどのように答えるかグループで相談して、答えを記入しておきましょう。

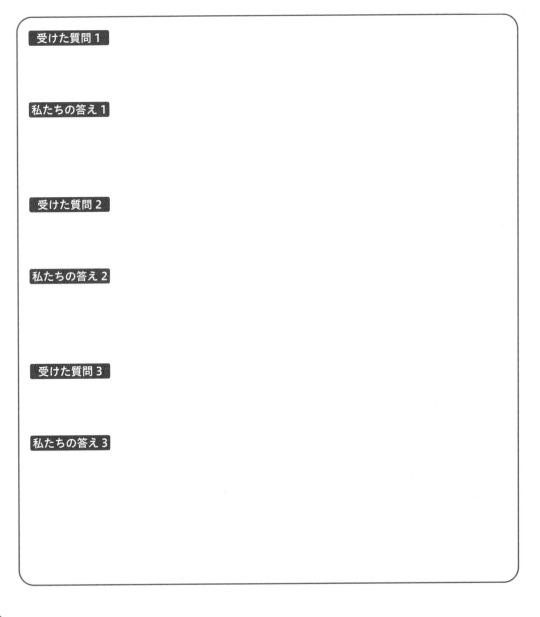

受けた質問1

私たちの答え1

受けた質問2

私たちの答え2

受けた質問3

私たちの答え3

ステップ5 ふりかえり | ディスカッションの完成度を確認する

活動 10 自分たちのディスカッションについて評価する

（1）今回、あなたのグループのディスカッションは、うまくいきましたか。
5段階で評価しましょう。また、改善すべき点があれば、それも書きましょう。

● 自分たちのディスカッションに対する評価

とてもよかった　　5　　4　　3　　2　　1　　よくなかった

● 改善すべきところ

（2）今回のディスカッションの結論に対するあなたの「納得度」は何％ですか。
その理由も書きましょう。

● 結論に対する納得度　　　　　　　　％

● 理由

（3）あなた自身は、今回のディスカッションの目標1～4を達成できましたか。
「はい」か「いいえ」に✔を入れてください。

	達成目標	はい	いいえ
1	ほかのメンバーの意見に対して、ことばや表情・態度で反応できた。		
2	ほかのメンバーの話がわからないときに、適切なことばを使って確認できた。		
3	はっきりとした、自然な発音やイントネーションで話せた。		
4	礼儀正しいことばづかいができた。		
5	自分がどんなことを話すか、前もって計画を立てることができた。		
6	自分が話すとき、よくする間違い（文法・表現・発音・態度など）に気をつけることができた。		
7	話したいことがあるとき、適切な表現を使ってターンを取ることができた。		
8	ほかのメンバーを話し合いに誘い入れることができた。		
9	自分がどんな日本語を使って話すか、前もって計画を立てることができた。		
10	考えているときは「そうですね…」などのことばを使って、時間を稼ぐことができた。		
11	自分が今から話すことの「前置き」ができた。		
12	ほかのメンバーが話した内容を要約して、その論点を確認することができた。		
13	ターンを取ってから、スムーズに話しはじめ、終わることができた。		
14	ほかの人の意見と、自分の意見を関連づけて、話を発展させることができた。		
15	ディスカッションの流れを調整することができた。		
16	全体として、ディスカッションの発展に貢献することができた。		

活動 11　ほかの人から学んだこと・発見したことを話す

今回のディスカッションを通じて、ほかの人の意見や考え方からあなたが学んだこと・発見したことをクラスで話しましょう。理由も話してください。

印象に残った考え方や意見

学んだこと・発見したこと

応用　選択型ディスカッション（A）で話せそうなテーマを考えてみましょう。

例：[　都会　] と [　田舎　]、__住む__ ならどちらがいいか。

・[　　　　　] と [　　　　　　]、＿＿＿＿＿＿＿＿＿＿＿＿＿＿＿＿なら
　どちらがいいか。

・[　　　　　] と [　　　　　　]、＿＿＿＿＿＿＿＿＿＿＿＿＿＿＿＿なら
　どちらがいいか。

MEMO

実践 2 / 選択型ディスカッション（B）

複数の選択肢を考え出し、その中から最もよいものを
一つ選ぶためのディスカッション

選択型ディスカッション（B）のポイント

① 前提条件に合った選択肢を考える。
② 選択肢の中から最もよいものを選ぶために、重視するべきこと（論点）は何かを考える。
③ 前提条件と論点に合ったアイディアをたくさん出す。

選択型ディスカッション（B）の流れ

ステップ1：下準備 　情報を集め、語彙や表現を確認する
- 活動1　[個人] 情報を集める
  - **ポイント！** どのような選択肢があり得るかを考えながら、情報を集める
- 活動2　[個人] 必要な語彙・表現を確認する
- 活動3　[個人] キーセンテンスを作成する

ステップ2：ディスカッションの前に 　自分の考えをまとめて話す
- 活動4　[個人] 自分の考えを整理する
- 活動5　[ペアまたはグループ] 自分の考えをクラスメイトに話してみる

ステップ3：ディスカッション本番 　ディスカッションをする
- 活動6　[グループ] ディスカッションの実施
  役割を決める、制限時間を確認する、ディスカッションを始める
- ● 前提条件を確認する
- ● 意見を出し合う ⟷ ● 論点を決める
- ● 論点ごとに選択肢をあげ、検討する
- ● 結論を出す

ステップ4：結論の報告 　ディスカッションの成果を確認する
- 活動7　[グループ] 結論を文章にまとめる
- 活動8　[グループ] ディスカッションの結論を報告する
- 活動9　[全体] 質疑応答をする

ステップ5：ふりかえり 　ディスカッションの完成度を確認する
- 活動10　[個人] 自分たちのディスカッションについて評価する
- 活動11　[全体] ほかの人から学んだこと・発見したことを話す

テーマ

「アルバイトをするなら、何が一番いいか」

アルバイトを決めるときは、どのようなことを重視するでしょうか。時給の高さを重視したい人もいるでしょうし、「週末のみ勤務」などの勤務日数を決め手にする人もいるでしょう。たくさんあるアルバイトの中から、自分の条件に合ったものを選ぶには、どうすればいいでしょうか。

アルバイトするなら家庭教師かな。時給もいいし。

でも、準備とか大変じゃない？私はカフェで働きたい。接客、好きだし。

この課のディスカッションの目標

自身の発話の計画とモニタリング、ターンの取得、ほかのメンバーへの働きかけ

1. 自分がどんなことを話すか、前もって計画を立てることができる。

2. 自分が話すとき、よくする間違い（文法・表現・発音・態度など）に気をつけることができる。

3. 話したいことがあるとき、適切な表現を使ってターンを取ることができる。　［巻末4（14）］

4. ほかのメンバーを話し合いに誘い入れることができる。　［巻末4（9）］

ウォームアップ

● ペアで話しましょう

（1）今までどんなアルバイトをしたことがありますか。

（2）あなたにとって、アルバイトを決めるときに最も重要なことは何ですか。

ステップ1 下準備 | 情報を集め、語彙や表現を確認する

> **ポイント!** どのような選択肢があり得るかを考えながら、情報を集める
>
> 選択型(B)のディスカッションでは、どんなことが論点になるか、どのような選択肢があるか、それぞれの特徴や利点は何かなどを考えながら、必要な情報を集めましょう。

活動1 情報を集める

アルバイトにはどのようなものがありますか。それぞれのアルバイトについて、本、新聞、ウェブサイトなどで調べ、いろいろな情報を集めましょう。

アルバイト	時給	勤務日数 勤務時間	必要な 技術・能力	その他
例)コンビニ	1,024円(大阪)	週3日〜5日 1日4時間程度 (早朝あり)	接客できる程度の日本語力	求人が多い 留学生が多い

活動 2　**必要な語彙・表現を確認する**

テーマによってよく使われる語彙や文型、表現を知っておくと、ディスカッションがスムーズに進みます。また、その話題になったときに、いつでも使うことができるので、覚えておくと便利です。意味、読み方、アクセントなども確認しておきましょう。

（1）語彙・表現　　あなたにとって必要な語彙・表現も書いておきましょう。

語彙・表現	読み方	意味・メモ
時給	じきゅう	
有給休暇	ゆうきゅうきゅうか	
シフトに入る	シフトにはいる	
交通費	こうつうひ	
研修期間	けんしゅうきかん	

（2）文法的表現

限られた時間内で複数の人が発言するディスカッションでは、自分が「何について話しているのか」を明確にする表現を覚えておくと便利です。また、選択型ディスカッション（B）では、選択型ディスカッション（A）と同様に、選択肢を比較する表現も役に立ちます。

> ### ▎論点の提示
> 例1）　__時給がいくらか__ というのは、大事な論点ですよね。　論点の提示
>
> ### ▎焦点化する
> 例2）私は、__お金をかせぐ__ という点では、家庭教師がいいと思います。　焦点化
>
> ### ▎比較・対照をする
> 例3）家庭教師は、__ほかのアルバイト__ に比べて時給がいいですよね。　比較・対照

（3）ディスカッションを発展させる日本語表現

協力的にディスカッションを進め、発展させるための日本語表現が使えるようになりましょう。【この課のディスカッションの目標】の達成にも役立ちます。

> ### ▎適切な表現を使ってターンを取る
> ・発言・質問・補足する意志を表明する　［巻末4 (14)］
> 　　　　例）すみません、ちょっと発言してもよろしいでしょうか。
> 　　　　例）ちょっと疑問に思ったんですが。
>
> ### ▎ほかのメンバーを話し合いに誘い入れる
> ・ほかのメンバーに発言を促す　［巻末4 (9)］
> 　　　　例）この点について、〇〇さんはどう思われますか。

活動 3　キーセンテンスを作成(さくせい)する

ディスカッションで意見を言うとき、一言で終わるのではなく、ある程度の長さで、正確な日本語で話せるように、少しずつ練習をしましょう。<u>使ったことがない表現</u>や、<u>上手に言えない複文</u>、<u>使いたい引用データ</u>、<u>説明が難しいこと</u>などをキーセンテンスとして準備しておきます。

例）大学生は学期末に試験がありますから、シフトの調整がしやすいアルバイトがいいと思います。

✎ ＿＿＿＿＿＿＿＿＿＿＿＿＿＿＿＿＿＿＿＿＿＿＿＿＿＿＿＿＿＿＿＿＿＿＿

✎ ＿＿＿＿＿＿＿＿＿＿＿＿＿＿＿＿＿＿＿＿＿＿＿＿＿＿＿＿＿＿＿＿＿＿＿

✎ ＿＿＿＿＿＿＿＿＿＿＿＿＿＿＿＿＿＿＿＿＿＿＿＿＿＿＿＿＿＿＿＿＿＿＿

●キーセンテンスについて、以下のことを✓しましょう。

☐ 文法（活用形、助詞など）は正しいですか。
☐ 文の最初から最後まで、間違えずに言えますか。
☐ ディスカッションで話すのに適切な表現ですか。
☐ 発音、アクセント、イントネーションは確認しましたか。
☐ 適切な長さ（1〜2行）の文になっていますか。
☐ 情報は正しく引用できていますか。
☐ 相手に正確に伝わる表現ですか。

ディスカッションの前に | 自分の考えをまとめて話す

ディスカッションで話し合う前に、一度、今の自分の考えをまとめて短いスピーチをしてみましょう。ほかのクラスメイトのスピーチを聞いて、自分の考え方や日本語表現の参考にしましょう。ここでは、聞いている人は質問や反論はしません。

活動 4　自分の考えを整理する

ここまで集めた情報、調べた語彙・表現を参考にしながら、自分の考えを整理し、簡潔な文章にまとめましょう。（参照：p.106）

意見	私は、アルバイトをするなら [　　　　　　　　　　] がいいと思います。
理由と説明	{ なぜなら ／ というのは }、＿＿＿＿＿＿＿＿＿＿＿＿＿＿＿＿＿＿ ＿＿＿＿＿＿＿＿＿＿＿＿＿＿＿＿＿＿＿＿＿＿＿＿＿＿＿＿＿＿＿＿ ＿＿＿＿＿＿＿＿＿＿＿＿＿＿＿＿＿＿＿＿＿＿＿＿＿＿＿＿＿＿＿＿ ＿＿＿＿＿＿＿＿＿＿＿＿＿＿＿＿＿＿＿＿＿＿＿＿＿＿＿＿＿＿＿＿

活動 5　自分の考えをクラスメイトに話してみる

活動 4 の文章を使って、30秒〜1分程度で話してみましょう。ペアでも、数名のグループでもいいです。そして、話してみて自分が気づいたこと（自分の考え、日本語、話し方などで改善したいと思ったこと）をメモし、ディスカッションのときに生かしましょう。

MEMO

ステップ3 ディスカッション本番 | ディスカッションをする

テーマ　「アルバイトをするなら、何が一番いいか」

[役割を決める、制限時間を確認する]
ディスカッションを始める前に、グループの中で役割を決め、制限時間を確認しましょう。タイムキーパーが時計をスタートさせて、ディスカッションを開始します。

● 前提条件を確認する　　＼START!／　ディスカッションを始める

まず、前提条件を確認します。今回の前提条件は、「**週三日（金土日）働く**」です。

● 意見を出し合う

前提条件を確認したら、グループで意見を出し合います。「週三日（金土日）働く」なら、どんなアルバイトがしたいですか。どんなアルバイトができますか。その理由も話しましょう。「ディスカッションの記録」にメモしていきます。

● 論点を決める

グループのメンバーは、どんなことを重視して意見を言っていますか。みんなが重要で、話し合うべきだと考えていることが「**論点**」です。論点は、意見を出し合っていると見えてきます（話し合う前に決めておいてもいいです）。**三つの論点**を決め、それぞれの論点について、さらに意見を出し合います。

● 論点ごとに選択肢をあげ、検討する

論点ごとにどんなアルバイトがあるか、**選択肢**を考えて「ディスカッションの記録」の「選択肢」のところに書いていきます。そして、それぞれの論点における選択肢について、メリット（いい点）／デメリット（よくない点）だけでなく、特徴や可能性など、たくさんの意見を出してメモしてください。また、おもしろい意見、新しいと思った意見、深く考えさせられた意見、重要性を感じた意見、強く共感できた意見などには ✓ をつけましょう。

● 結論を出す

結論を出します。結論は、グループのみんなで話し合った上で出す「**合意形成**」でなければなりません。メリットの多さだけで決めるのではなく、グループのみんなが納得できるように話し合って結論を出しましょう。また、最終的な結論が「テーマの答え」になっているかどうかも確認が必要です。（参照：p.123）

| 活動 6 | ディスカッションの実施 |

● 役割：リーダー＿＿＿＿＿＿＿＿＿＿　　タイムキーパー＿＿＿＿＿＿＿＿＿＿
　　　　書記＿＿＿＿＿＿＿＿＿＿　　　　報告者＿＿＿＿＿＿＿＿＿＿
● 制限時間：＿＿＿＿分　● 前提条件：週三日（金土日）働く

ディスカッションの記録

※選択肢が五つ以上ある場合は、枠を増やしてください。

選択肢	論点1	論点2	論点3
選択肢1			
選択肢2			
選択肢3			
選択肢4			
選択肢5			

結論を出す (参照：p.123)

① 説得力があると思った意見は、どの選択肢にありましたか。なぜ、その意見に説得力があると思いましたか。論点ごとに確認してみましょう。

② メリットではないが、次のような観点から評価できる意見はありましたか。それは、どの選択肢にありましたか。

　　おもしろいと思った意見　　新しいと思った意見　　重要性を感じる意見
　　深く考えさせられる意見　　強く共感できる意見

③ ①と②を踏まえて、結論を出しましょう。

④ 最後に、その結論が、テーマ「アルバイトをするなら、何が一番いいか」の答えとして適切かどうか、もう一度確認しましょう。

結論

理由

さらにステップアップ

選択型ディスカッション（B）では、次のように前提条件やメンバーの立場を変えることで、より実践的な話し合いができるようになります。下の、**1** **2** のとき、意見や結論がどう変わるか比較してみましょう。

1 前提条件を「夏休み」に変えて、ディスカッションをしてみましょう。

2 「日本語が使える」ことを前提条件とする立場と、「たくさんお金が稼げる」ことを前提条件とする立場に分かれて、ディスカッションをしてみましょう。

ステップ4 結論の報告 | ディスカッションの成果を確認する

活動7 結論を文章にまとめる（参照：p.127）

> 私たちのグループでは、アルバイトをするなら［　　　　　］がいいという結論に至りました。 **結論**

> なぜなら、［　　　　　］は、【　論点①　】で、【　論点②　】で、【　論点③　】からです。 **理由**

> まず、［　　　　　］は＿＿＿。 **詳しい説明（論点①）**

> また、［　　　　　］は＿＿＿。 **詳しい説明（論点②）**

> さらに、［　　　　　］は＿＿＿。 **詳しい説明（論点③）**

> ほかに、＿＿＿＿＿＿＿＿＿＿＿＿＿＿＿＿＿＿という意見も出ました。ただ、＿＿＿＿＿＿＿＿＿＿＿＿＿＿＿＿＿＿＿＿＿ので、今回は結論にしませんでした。 **詳しい説明（ほかの選択肢のこと）**

> 以上から、アルバイトをするなら［　　　　　］がいいと考えます。 **結論**

| 活動 8 | ディスカッションの結論を報告する |

活動 7 でまとめた文章を使って、クラスでディスカッションの結論を報告しましょう。

| 活動 9 | 質疑応答をする |

報告が終わったら、クラスメイトから質問を受けましょう（参照：p.111）。受けた質問をメモしましょう。それに対してどのように答えるかグループで相談して答えを記入しておきましょう。

受けた質問1

私たちの答え1

受けた質問2

私たちの答え2

受けた質問3

私たちの答え3

ステップ 5 ふりかえり | ディスカッションの完成度を確認する

活動 10 自分たちのディスカッションについて評価する

（1）今回、あなたのグループのディスカッションは、うまくいきましたか。
5段階で評価しましょう。また、改善すべき点があれば、それも書きましょう。

- ● 自分たちのディスカッションに対する評価

  とてもよかった　　5　4　3　2　1　　よくなかった

- ● 改善すべきところ

（2）今回のディスカッションの結論に対するあなたの「納得度」は何％ですか。
その理由も書きましょう。

- ● 結論に対する納得度　　　　　　％
- ● 理由

（3）あなた自身は、今回のディスカッションの目標5〜8を達成できましたか。
また、1〜4もできましたか。「はい」か「いいえ」に✓を入れてください。

	達成目標	はい	いいえ
1	ほかのメンバーの意見に対して、ことばや表情・態度で反応できた。		
2	ほかのメンバーの話がわからないときに、適切なことばを使って確認できた。		
3	はっきりとした、自然な発音やイントネーションで話せた。		
4	礼儀正しいことばづかいができた。		
5	自分がどんなことを話すか、前もって計画を立てることができた。		
6	自分が話すとき、よくする間違い（文法・表現・発音・態度など）に気をつけることができた。		
7	話したいことがあるとき、適切な表現を使ってターンを取ることができた。		
8	ほかのメンバーを話し合いに誘い入れることができた。		
9	自分がどんな日本語を使って話すか、前もって計画を立てることができた。		
10	考えているときは「そうですね…」などのことばを使って、時間を稼ぐことができた。		
11	自分が今から話すことの「前置き」ができた。		
12	ほかのメンバーが話した内容を要約して、その論点を確認することができた。		
13	ターンを取ってから、スムーズに話しはじめ、終わることができた。		
14	ほかの人の意見と、自分の意見を関連づけて、話を発展させることができた。		
15	ディスカッションの流れを調整することができた。		
16	全体として、ディスカッションの発展に貢献することができた。		

活動 11　ほかの人から学んだこと・発見したことを話す

今回のディスカッションを通じて、ほかの人の意見や考え方からあなたが学んだこと・発見したことをクラスで話しましょう。理由も話してください。

印象に残った考え方や意見

学んだこと・発見したこと

応用　選択型ディスカッション（B）で話せそうなテーマを考えてみましょう。

例：　就職活動のために資格を取る　なら、**何が一番**いいか。

・ ＿＿＿＿＿＿＿＿＿＿＿＿＿＿＿＿＿＿＿＿＿＿＿＿＿＿なら、何が一番いいか。

・ ＿＿＿＿＿＿＿＿＿＿＿＿＿＿＿＿＿＿＿＿＿＿＿ために、最も効果的な方法は何か。

MEMO

実践3 / 賛否両論型ディスカッション

テーマについて、賛成・反対どちらの立場を
支持するかを決めるディスカッション

☝ 賛否両論型ディスカッションのポイント

① 論点は何か、どのような問題が起こっている／起こり得るのか、どのような人々が関わっているのかなど、さまざまなことを考える。
② 多様な立場（視点）から考え、意見を出す。
③ 納得がいく「結論」が出るまで、メンバーで十分に話し合う。

賛否両論型ディスカッションの流れ

ステップ1：下準備　情報を集め、語彙や表現を確認する
- 活動1　[個人] 情報を集める
  - **ポイント!** さまざまな立場（視点）から情報を集める
- 活動2　[個人] 必要な語彙・表現を確認する
- 活動3　[個人] キーセンテンスを作成する

ステップ2：ディスカッションの前に　自分の考えをまとめて話す
- 活動4　[個人] 自分の考えを整理する
- 活動5　[ペアまたはグループ] 自分の考えをクラスメイトに話してみる

ステップ3：ディスカッション本番　ディスカッションをする
- 活動6　[グループ] ディスカッションの実施
  役割を決める、制限時間を確認する、ディスカッションを始める
  - 前提条件を設定する・立場（視点）を決める
  - 立場（視点）ごとに、賛成意見・反対意見を出す
  - 出た意見を論点ごとに整理する
  - 結論を出す

ステップ4：結論の報告　ディスカッションの成果を確認する
- 活動7　[グループ] 結論を文章にまとめる
- 活動8　[グループ] ディスカッションの結論を報告する
- 活動9　[全体] 質疑応答をする

ステップ5：ふりかえり　ディスカッションの完成度を確認する
- 活動10　[個人] 自分たちのディスカッションについて評価する
- 活動11　[全体] ほかの人の意見から学んだこと・発見したことを話す

テーマ

「外国人観光客に対する二重価格の設定に、賛成か反対か」

日本へ来る外国人観光客に対して、宿泊料金、交通料金、観光施設の利用・入場料、飲食店のメニューなどを、日本人（日本国内に在住している外国人も含む）とは区別して、高く設定しようという意見があります。世界の国・地域の中には、すでにこのような二重価格を実施しているところがあります。では、日本でも導入するべきでしょうか。

外国人観光客だからという理由で、高い料金を取るの？　日本のイメージが悪くならないかなあ…。

大人と子どもの料金が違うように、消費者の属性で価格が違ってもいいんじゃない？

🚩 この課のディスカッションの目標

日本語表現の充実、他者とのやり取りの充実

1. 自分がどんな日本語を使って話すか、前もって計画を立てることができる。
2. 考えているときは「そうですね…」などのことばを使って、時間を稼ぐ。［巻末4(11)］
3. 自分が今から話すことの「前置き」ができる。［巻末4(13)］
4. ほかのメンバーが話した内容を要約して、その論点を確認することができる。［巻末4(6)］

📈 ウォームアップ

● ペアで話しましょう

（1）あなたの国・地域では、外国人観光客に対して二重価格を設定していますか。

（2）あなたが外国へ旅行したら、どんなことに一番お金を使いたいですか。

| 下準備 | 情報を集め、語彙や表現を確認する |

ポイント！ さまざまな立場（視点）から情報を集める

ディスカッションの前に、そのテーマの背景をよく知っておくことが大切です。賛否両論型ディスカッションでは、どんなことが論点になるか、どのような問題が起こっている／起こり得るかなどを、多様な立場（視点）で考えながら、情報を集めましょう。

活動 1　情報を集める

本、新聞、ウェブサイトなどから情報を集めましょう。実際にあったことやアンケート調査の結果など、客観的な資料があると、論理的な話し合いに役立ちます。また、そのような資料を使う場合、情報の出所はきちんとメモしておきましょう。

MEMO

| 活動 2 | **必要な語彙・表現を確認する** |

テーマによってよく使われる語彙や文型、表現を知っておくと、ディスカッションがスムーズに進みます。また、その話題になったときに、いつでも使うことができるので、覚えておくと便利です。意味、読み方、アクセントなども確認しておきましょう。

（1）語彙・表現 あなたにとって必要な語彙・表現も書いておきましょう。

語彙・表現	読み方	意味・メモ
二重価格	にじゅうかかく	
インバウンド		
オーバーツーリズム		
環境保護	かんきょうほご	
自国民	じこくみん	
（不）公平	（ふ）こうへい	
～向け	～むけ	外国人向け

（2）文法的表現

賛否両論型のテーマでは、立場（視点）や状況などを提示する表現、ある立場（視点）や状況を仮定する表現を覚えておくと便利です。

■ 立場（視点）や状況を提示する

例1） ＿＿観光地の住民＿＿ からすると、観光客が増えすぎるのは困ると思います。
　　　　　　　　　　　　　　　　　　　　　　　　　　　　　立場（視点）の提示

例2） ＿＿円安の＿＿ 場合、観光客にとって、それほど負担になりません。
　　　　　　　　　　　　　　　　　　　　　　　　　　　　　状況提示

■ 仮定する

例3） もし ＿＿クレームがあっ＿＿ たら、どうすればいいでしょうか。
　　　　　　　　　　　　　　　　　　　　　　　　　　　　　順接条件を使った仮定

例4） 仮に／たとえ ＿＿値段が高く＿＿ ても、品質がよければいいと思います。
　　　　　　　　　　　　　　　　　　　　　　　　　　　　　逆説条件を使った仮定

（3）ディスカッションを発展させる日本語表現

協力的にディスカッションを進め、発展させるための日本語表現が使えるようになりましょう。
【この課のディスカッションの目標】の達成にも役立ちます。

■ 適切な表現を使ってターンを保持する

・間を取る（考えている、ことばが出てこない、うまく言えないとき）　[巻末4(11)]
　　　　　例）そうですね…。

■ 自分が今から話すことの前置きをする

・自分が今から発言することの前置きをする　[巻末4(13)]
　　　　　例）あくまで ｛個人的／一般的／一面的｝ な考えですが、〜

■ ほかの人の発言内容を要約して、その論点を確認する

・相手が言ったことを確認する　[巻末4(6)]
　　　　　例）〜ということ ｛ですね／ですか／でしょうか｝？

活動 3　キーセンテンスを作成する

ディスカッションで意見を言うとき、一言で終わるのではなく、ある程度の長さで、正確な日本語で話せるように、少しずつ練習をしましょう。使ったことがない表現や、上手に言えない複文、使いたい引用データ、説明が難しいことなどをキーセンテンスとして準備しておきます。

例）外国人観光客が日本国内で消費する金額は、今の日本経済を支えていると言っても過言ではありません。

●キーセンテンスについて、以下のことをチェック✓しましょう。

☐ 文法（活用形、助詞など）は正しいですか。
☐ 文の最初から最後まで、間違えずに言えますか。
☐ ディスカッションで話すのに適切な表現ですか。
☐ 発音、アクセント、イントネーションは確認しましたか。
☐ 適切な長さ（1～2行）の文になっていますか。
☐ 情報は正しく引用できていますか。
☐ 相手に正確に伝わる表現ですか。

ステップ2 ディスカッションの前に｜自分の考えをまとめて話す

ディスカッションで話し合う前に、一度、今の自分の考えをまとめて短いスピーチをしてみましょう。ほかのクラスメイトのスピーチを聞いて、自分の考え方や日本語表現の参考にしましょう。ここでは、聞いている人は質問や反論はしません。

活動 4　自分の考えを整理する

ここまでに集めた情報、語彙・表現を参考にしながら、自分の考えを整理し、簡潔な文章にまとめましょう。（参照：p.106）

意見	私は、外国人観光客に対する二重価格の設定に { 賛成 ／ 反対 } です。
理由と説明	なぜなら、_____ _____ _____ _____ _____

活動 5　自分の考えをクラスメイトに話してみる

活動4 の文章を使って、30秒～1分程度で話してみましょう。ペアでも、数名のグループでもいいです。そして、話してみて自分が気づいたこと（自分の考え、日本語、話し方などで改善したいと思ったこと）をメモし、ディスカッションのときに生かしましょう。

MEMO

ステップ3 ディスカッション本番 | ディスカッションをする

テーマ 「外国人観光客に対する二重価格の設定に、賛成か反対か」

[役割を決める、制限時間を確認する]
ディスカッションを始める前に、グループの中で役割を決め、制限時間を確認しましょう。タイムキーパーが時計をスタートさせて、ディスカッションを開始します。

\START!/　　ディスカッションを始める

● 前提条件を設定する・立場（視点）を決める

グループで、前提条件を一つ設定します。そして、その条件に関係している立場（視点）を三つ考えて、ディスカッションの記録（1）に記入します。

● 立場（視点）ごとに、賛成意見・反対意見を出す

前提条件と立場（視点）が決まったら、三つの立場（視点）それぞれから見た**賛成意見・反対意見**を出し合い、ディスカッションの記録（2）にメモしていきます。ここで重要なのは、自分自身がどう考えているかではなく、三つの立場（視点）それぞれから見ると、どのようなことが言えるかを考えることです。立場（視点）が異なれば、意見が大きく変わってきます。

● 出た意見を論点ごとに整理する

ディスカッションの記録（2）を見ると、どのようなことが論点になっているかが浮かび上がってきます。グループで話し合って論点を三つに定め、ディスカッションの記録（3）に、論点ごとの賛成意見・反対意見を整理していきます。おもしろい意見、新しいと思った意見、深く考えさせられた意見、重要性を感じた意見、強く共感できた意見などには、✓をつけましょう。

● 結論を出す

結論は、グループのみんなで話し合った上で出す「**合意形成**」でなければなりません。賛成・反対のどちらか数が多いほうを選ぶのではなく、グループのみんなが納得できるように、話し合って結論を出しましょう。また、最終的な結論が「テーマの答え」になっているかどうかも、確認が必要です。賛否両論型ディスカッションの結論の出し方は、選択型（A）の結論の出し方とよく似ています。（参照：p.123）

| 活動 6 | ディスカッションの実施 |

● 役割：リーダー＿＿＿＿＿＿＿＿＿＿＿＿＿＿＿　タイムキーパー＿＿＿＿＿＿＿＿＿＿＿＿＿＿＿
　　　　書記＿＿＿＿＿＿＿＿＿＿＿＿＿＿＿＿　報告者＿＿＿＿＿＿＿＿＿＿＿＿＿＿＿
● 制限時間：＿＿＿＿＿分

💬 ディスカッションの記録

（1）前提条件と立場（視点）を設定する（参照：p.92）

```
前提条件　＿＿＿＿＿＿＿＿＿＿＿＿＿＿＿＿＿＿＿＿＿＿＿＿＿＿＿＿＿＿＿＿＿＿

立場（視点）　＿＿＿＿＿＿＿＿＿＿＿＿＿＿＿＿＿＿＿＿＿＿＿＿＿＿＿＿＿＿＿
```

〔前提条件の例〕
交通料金の場合、飲食店のメニューの場合、商品の場合、観光施設の利用料・入場料の場合など。

〔立場（視点）の例〕
外国人観光客、地元住民（日本人と在住外国人）、観光施設の運営側、商品を売る店側など。

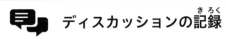 ディスカッションの記録

（2）前提条件に基づいて、立場（視点）ごとに「賛成」「反対」意見を出す。

	賛成	反対
立場(視点) 1 例）外国人観光客 _____	例）ほかにも実施している国があるので、日本も導入していい。	例）価格で区別されるのは気分がよくない。
立場(視点) 2 _____		
立場(視点) 3 _____		

（3）（2）で出た意見を、論点ごとに整理する

論点1 　例）公平性

賛成	反対
	例）価格で区別されるのは気分がよくない。

論点2 _____

賛成	反対

論点3 _____

賛成	反対

結論を出す（参照：p.123）

① ディスカッションの記録（2）を見ましょう。グループのメンバーから、多くの意見が出たのはどの立場（視点）でしたか。

② ディスカッションの記録（3）を見ましょう。グループのメンバーから、多くの意見が出たのは、どの論点についてでしたか。

③ 次のような観点から評価できる意見はありましたか。それは、どの立場（視点）と論点にありましたか。

　　おもしろいと思った意見　　新しいと思った意見　　重要性を感じる意見
　　深く考えさせられる意見　　強く共感できる意見

④ ①②③を踏まえて、結論を出しましょう。

⑤ 最後に、その結論が、テーマ「外国人観光客に対する二重価格の設定に、賛成か反対か」の答えとして適切かどうか、もう一度確認しましょう。

結 論
理 由

さらにステップアップ

賛否両論型ディスカッションでは、前提条件や関連する立場（視点）を変えることで、問題についてより多角的に考えて話し合えるようになります。下の **1** **2** のとき、意見や結論がどう変わるか比較してみましょう。

1 前提条件を変えて、ディスカッションをしてみましょう。

2 前提条件に関連する立場（視点）を変えて、ディスカッションをしてみましょう。

ステップ4 結論の報告 ｜ ディスカッションの成果を確認する

活動7　結論を文章にまとめる（参照：p.127）

使いましょう（参照：p.39）

- ＿＿＿＿＿からすると、〜
- ＿＿＿＿＿場合、〜

結論	私たちのグループでは、外国人観光客に対する二重価格の設定に、{ 賛成 ／ 反対 } という結論に至りました。
理由	なぜなら、＿＿＿＿＿＿＿＿＿＿＿＿＿＿＿＿＿＿＿＿＿＿＿＿＿＿＿＿＿＿からです。
詳しい説明	
結論（再提示）	以上から、私たちのグループでは、外国人観光客に対する二重価格の設定に、{ 賛成 ／ 反対 } します。

| 活動 8 | ディスカッションの結論を報告する |

活動 7 でまとめた文章を使って、クラスでディスカッションの結論を報告しましょう。

| 活動 9 | 質疑応答をする |

報告が終わったら、クラスメイトから質問を受けましょう（参照：p.111）。受けた質問をメモしましょう。それに対してどのように答えるかグループで相談して、答えを記入しておきましょう。

| 受けた質問 1 |

| 私たちの答え 1 |

| 受けた質問 2 |

| 私たちの答え 2 |

| 受けた質問 3 |

| 私たちの答え 3 |

ステップ 5 ふりかえり | ディスカッションの完成度を確認する

活動 10 自分たちのディスカッションについて評価する

（1）今回、あなたのグループのディスカッションは、うまくいきましたか。
5段階で評価しましょう。また、改善すべき点があれば、それも書きましょう。

- **自分たちのディスカッションに対する評価**

  とてもよかった　　5　4　3　2　1　　よくなかった

- **改善すべきところ**

（2）今回のディスカッションの結論に対するあなたの「納得度」は何%ですか。
その理由も書きましょう。

- **結論に対する納得度**　　＿＿＿＿＿＿％
- **理由**

（3）あなた自身は、今回のディスカッションの目標9〜12を達成できましたか。
また、1〜8もできましたか。「はい」か「いいえ」に✔を入れてください。

	達成目標	はい	いいえ
1	ほかのメンバーの意見に対して、ことばや表情・態度で反応できた。		
2	ほかのメンバーの話がわからないときに、適切なことばを使って確認できた。		
3	はっきりとした、自然な発音やイントネーションで話せた。		
4	礼儀正しいことばづかいができた。		
5	自分がどんなことを話すか、前もって計画を立てることができた。		
6	自分が話すとき、よくする間違い（文法・表現・発音・態度など）に気をつけることができた。		
7	話したいことがあるとき、適切な表現を使ってターンを取ることができた。		
8	ほかのメンバーを話し合いに誘い入れることができた。		
9	自分がどんな日本語を使って話すか、前もって計画を立てることができた。		
10	考えているときは「そうですね…」などのことばを使って、時間を稼ぐことができた。		
11	自分が今から話すことの「前置き」ができた。		
12	ほかのメンバーが話した内容を要約して、その論点を確認することができた。		
13	ターンを取ってから、スムーズに話しはじめ、終わることができた。		
14	ほかの人の意見と、自分の意見を関連づけて、話を発展させることができた。		
15	ディスカッションの流れを調整することができた。		
16	全体として、ディスカッションの発展に貢献することができた。		

活動 11　ほかの人から学んだこと・発見したことを話す

今回のディスカッションを通じて、ほかの人の意見や考え方から、あなたが学んだこと・発見したことをクラスで話しましょう。理由も話してください。

印象に残った考え方や意見

学んだこと・発見したこと

応用　賛否両論型のディスカッションで話せそうなテーマを考えてみましょう。

例：[　外国人観光客に対する二重価格の設定　]に賛成か反対か。

・[　　　　　　　　　　　　　　　]に賛成か反対か。

・[　　　　　　　　　　　　　　　]を認めるか否か。

・[　　　　　　　　　　　　　　　]をするべきか否か。

MEMO

実践4 / 問題解決型ディスカッション

テーマについて問題点を探り、その最善の解決策を提案するディスカッション

👆 問題解決型ディスカッションのポイント

① 解決すべき問題点を明確にする。
② 多くのアイディアを出し、それぞれのメリット、デメリットを十分に検討する。
③ 納得がいく「結論」が出るまで、メンバーで十分に話し合う。さらに、結論が「解決策」としてふさわしいかどうか、よく確認する。

問題解決型ディスカッションの流れ

ステップ1：下準備 情報を集め、語彙や表現を確認する
- 活動1 [個人] 情報を集める
  - ▶ポイント！ このテーマの問題点は何かを考えながら情報を集める
- 活動2 [個人] 必要な語彙・表現を確認する
- 活動3 [個人] キーセンテンスを作成する

ステップ2：ディスカッションの前に 自分の考えをまとめて話す
- 活動4 [個人] 自分の考えを整理する
- 活動5 [ペアまたはグループ] 自分の考えをクラスメイトに話してみる

ステップ3：ディスカッション本番 ディスカッションをする
- 活動6 [グループ] ディスカッションの実施
  - 役割を決める、制限時間を確認する、ディスカッションを始める
- ● 前提条件を設定する
- ● アイディアを出し合い、検討する
- ● アイディアを評価する
- ● アイディアをしぼりこむ
- ● 結論を出す

ステップ4：結論の報告 ディスカッションの成果を確認する
- 活動7 [グループ] 結論を文章にまとめる
- 活動8 [グループ] ディスカッションの結論を報告する
- 活動9 [全体] 質疑応答をする

ステップ5：ふりかえり ディスカッションの完成度を確認する
- 活動10 [個人] 自分たちのディスカッションについて評価する
- 活動11 [全体] ほかの人から学んだこと・発見したことを話す

> テーマ

「外国語能力を伸ばすには、どうすればよいか」

外国語を習得するには、さまざまな方法があります。できるだけ効率よく外国語の力を伸ばしたいと誰もが考えますが、実際には、経済的にも時間的にも制限があるでしょう。では、どのような方法なら、効果的に外国語能力を伸ばすことができるでしょうか。

この課のディスカッションの目標

日本語のテクスト構成の充実、よい話し合いのための協力

1. ターンを取ってから、スムーズに話しはじめ、終わることができる。
2. ほかの人の意見と、自分の意見を関連づけて、話を発展させることができる。[巻末4 (12)]
3. ディスカッションの流れを調整することができる。[巻末4 (15)]
4. 全体として、ディスカッションの発展に貢献することができる。

ウォームアップ

● ペアで話しましょう
（1）あなたが外国語を学ぶ理由は何ですか。
（2）これまで、どんな方法で日本語を学びましたか。

ステップ1 **下準備** | 情報を集め、語彙や表現を確認する

> **ポイント！** このテーマの問題点は何かを考えながら情報を集める
>
> ディスカッションの前に、そのテーマの背景をよく知っておくことが大切です。問題解決型ディスカッションでは、何が問題となっているのか、論点は何か、どのようなアイディアを提案できるかなどについて考えながら、必要な情報を集めましょう。

活動1　情報を集める

本、新聞、ウェブサイトなどから情報を集めましょう。語学が堪能な人の学習経験、実際にあったことや科学的なデータ、アンケート調査の結果など、客観的な資料があると、論理的な話し合いに役立ちます。また、そのような資料を使う場合、情報の出所はきちんとメモしておきましょう。

MEMO

活動 2　必要な語彙・表現を確認する

テーマによってよく使われる語彙や文型、表現を知っておくと、ディスカッションがスムーズに進みます。また、その話題になったときに、いつでも使うことができるので、覚えておくと便利です。意味、読み方、アクセントなども確認しておきましょう。

（1）語彙・表現 あなたにとって必要な語彙・表現も書いておきましょう。

語彙・表現	読み方	意味・メモ
語学	ごがく	
堪能（な）	たんのう（な）	
〜能力	〜のうりょく	例）コミュニケーション能力
独学	どくがく	
効果的（な）	こうかてき（な）	
効率がいい／悪い	こうりつがいい／わるい	
母語	ぼご	

（2）文法的表現

問題解決型のテーマでは、目的を述べる表現、ある事態や状況に対する判断や評価を述べたりする表現、また、それらを限定して述べる表現を覚えておくと便利です。

■ 目的を述べる

例1） <u>会話能力を伸ばす</u> には、たくさん話すことが必要ですよね。 　目的

■ 事態や状況を主題化する

例2） <u>毎日5時間も勉強する</u> のは、現実的ではないと思います。 　主題化

■ 限定的に述べる

例3） 伸ばしたい能力は、<u>人／レベル／目的</u> によって異なると思います。 　限定

（3）ディスカッションを発展させる日本語表現

協力的にディスカッションを進め、発展させるための日本語表現が使えるようになりましょう。
【この課のディスカッションの目標】の達成にも役立ちます。

■ ほかの人の意見と、自分の意見を関連づける

・相手の発言と自分の発言を関連づける　[巻末4（12）]

　　例）私も○○さんと同じで、〜

　　例）先ほど○○さんは〜とおっしゃいましたが、そうすると、〜

■ ディスカッションの流れを調整する

・討論の流れを調整する　[巻末4（15）]

　　例）ちょっと論点が違うような気が…。

　　例）いったん、｛論点／意見｝を整理しましょうか。

活動3　キーセンテンスを作成する

> ディスカッションで意見を言うとき、一言で終わるのではなく、ある程度の長さで、正確な日本語で話せるように、少しずつ練習をしましょう。使ったことがない表現や、上手に言えない複文、使いたい引用データ、説明が難しいことなどをキーセンテンスとして準備しておきます。

例）留学したからといって、その言語を使って仕事ができるレベルになるとは限りません。

✎

✎

✎

●キーセンテンスについて、以下のことをチェック✔しましょう。

☐ 文法（活用形、助詞など）は正しいですか。
☐ 文の最初から最後まで、間違えずに言えますか。
☐ ディスカッションで話すのに適切な表現ですか。
☐ 発音、アクセント、イントネーションは確認しましたか。
☐ 適切な長さ（1〜2行）の文になっていますか。
☐ 情報は正しく引用できていますか。
☐ 相手に正確に伝わる表現ですか。

ディスカッションの前に | 自分の考えをまとめて話す

> ディスカッションで話し合う前に、一度、今の自分の考えをまとめて短いスピーチをしてみましょう。ほかのクラスメイトのスピーチを聞いて、自分の考え方や日本語表現の参考にしましょう。ここでは、聞いている人は質問や反論はしません。

活動 4　自分の考えを整理する

ここまでに集めた情報、調べた語彙・表現を参考にしながら、自分の考えを整理し、簡潔な文章にまとめましょう。（参照：p.106）

意見	私は、外国語能力を伸ばすには、＿＿＿＿＿＿＿＿＿＿＿＿＿が いいと思います。
理由	なぜなら、＿＿＿＿＿＿＿＿＿＿＿＿＿＿＿＿＿＿＿＿＿＿＿

活動 5　自分の考えをクラスメイトに話してみる

活動 4 の文章を使って、30秒〜1分程度で話してみましょう。ペアでも、数名のグループでもいいです。そして、話してみて自分が気づいたこと（自分の考え、日本語、話し方などで改善したいと思ったこと）をメモし、ディスカッションのときに生かしましょう。

MEMO

ディスカッション本番 | ディスカッションをする

| テーマ | 「外国語能力を伸ばすには、どうすればよいか」

[役割を決める、制限時間を確認する]
ディスカッションを始める前に、グループの中で役割を決め、制限時間を確認しましょう。タイムキーパーが時計をスタートさせて、ディスカッションを開始します。

● 前提条件を設定する　\START!/　ディスカッションを始める

グループで前提条件を**三つ**設定し、ディスカッションの記録（1）に記入します。

● アイディアを出し合い、検討する

前提条件が決まったら、**アイディア**を出して検討していきます。ディスカッションの記録（2）にアイディアを記入し（目標10個）、それぞれについて、メリット、デメリットだけでなく、特徴や可能性など、たくさんの意見を出してメモしてください。おもしろい意見、新しいと思った意見、深く考えさせられた意見、重要性を感じた意見、強く共感できた意見などには✓をつけましょう。

● アイディアを評価する

それぞれのアイディアを評価していきます。ディスカッションの記録（2）を見て、このテーマで**最も重視するべきこと（評価のポイント）**を、グループで話し合って**一つ**決めます。これがこのテーマにおける「論点」になります。

● アイディアをしぼりこむ

評価のポイントにしたがって、アイディアを一つずつ評価していきましょう。◎、○、△、×の4段階で評価し、メモの空いているところに印をつけてください。

● 結論を出す

結論を出します。結論は、グループのみんなで話し合った上で出す**「合意形成」**でなければなりません。◎がついている中から単に一つを選ぶのではなく、グループのみんなが納得できるように、話し合って結論を出しましょう。また、最終的な結論が「テーマの答え」になっているかどうかも、確認が必要です。問題解決型ディスカッションの結論の出し方は、選択型（B）の結論の出し方とよく似ています。（参照：p.123）

活動6 ディスカッションの実施

● 役割：リーダー＿＿＿＿＿＿＿＿＿＿＿　タイムキーパー＿＿＿＿＿＿＿＿＿＿＿
　　　　書記＿＿＿＿＿＿＿＿＿＿＿　　　報告者＿＿＿＿＿＿＿＿＿＿＿
● 制限時間：＿＿＿＿＿分

💬 ディスカッションの記録

（1）前提条件の設定（三つ）（参照：p.92）

〔前提条件の例〕学習者のレベル、学習目的、学ぶ場所（国内／国外）、人数（独学／クラス）、
　　　　　　　伸ばしたい能力、年齢、など。

```
前提条件

＿＿＿＿＿＿＿＿＿＿　＿＿＿＿＿＿＿＿＿＿　＿＿＿＿＿＿＿＿＿＿
```

（2）アイディアを出し合い、検討する

アイディアを検討するときのヒント
　✓そのアイディアをあげた理由は？　✓メリット／デメリットは？　✓現実的ですか？
　✓前提条件に合っていますか？

アイディア1	アイディア2
＿＿＿＿＿＿＿＿＿＿	＿＿＿＿＿＿＿＿＿＿

アイディア 3	アイディア 4

アイディア 5	アイディア 6

アイディア 7	アイディア 8

アイディア 9	アイディア 10

（3）アイディアを評価する

〔最も重視したいこと（評価のポイント）の例〕

お金がかからない、楽しい、基礎を固められる、実際のコミュニケーションに生かせるなど。

```
評価のポイント


```

（4）アイディアをしぼりこむ

評価のポイントにしたがって、ディスカッションの記録（2）のアイディアを一つずつ評価していきましょう。◎、〇、△、×の4段階で評価し、印をつけます。

結論を出す（→参照：p.123）

① ディスカッションの記録（2）を見ましょう。**評価のポイントに合っている**（◎、〇がついた）アイディアはどれですか。（複数可）
② **評価のポイントに合っている**（◎、〇がついた）アイディアのうち、**根拠に最も説得力があるアイディア**はどれですか。
③ 次のような観点から**評価できる意見**はありましたか。それは、どのアイディアにありましたか。

　　おもしろいと思った意見　　新しいと思った意見　　特に重要性を感じる意見
　　深く考えさせられる意見　　強く共感できる意見

④ ①②③を踏まえて、結論を出しましょう。
⑤ 最後に、その結論が、テーマ「**外国語能力を伸ばすには、どうすればよいか**」の答えとして適切かどうか、もう一度確認しましょう。

```
結論


理由


```

さらにステップアップ

問題解決型ディスカッションでは、前提条件やアイディアの評価ポイントを変えることで、結論が変わります。下の、1 2 のとき、意見や結論がどう変わるか比較してみましょう。

1 前提条件を変えたり、複雑な前提条件にしてディスカッションをしてみましょう。

2 評価ポイントを変えたり、複数の評価ポイントを設定して、ディスカッションをしてみましょう。

| ステップ 4 | 結論の報告 | ディスカッションの成果を確認する |

活動 7　結論を文章にまとめる（参照：p.127）

使いましょう（参照：p.57）

- ＿＿＿＿＿には、〜
- ＿＿＿＿＿のは、〜
- ＿＿＿＿＿によって、（異なる・違う・変わる）

前提条件の説明	私たちのグループでは、次の条件でディスカッションを行いました。一つ目に、＿＿＿＿＿＿＿、二つ目に、＿＿＿＿＿＿＿、三つ目に、＿＿＿＿＿＿＿です。
結　論	以上の前提条件に基づいてディスカッションを行った結果、**外国語能力を伸ばすには**、＿＿＿＿＿＿＿＿＿＿＿＿＿が最も効果的だという結論に至りました。
理　由	なぜかというと、[評価のポイント]＿＿＿＿＿＿＿＿＿＿からです。
詳しい説明	＿＿
結　論（再提示）	以上から、**外国語能力を伸ばすには**、＿＿＿＿＿＿＿＿＿＿＿＿＿＿＿＿＿＿＿＿が最も効果的だと考えます。

| 活動 8 | ディスカッションの結論を報告する

活動 7 でまとめた文章を使って、クラスでディスカッションの結論を報告しましょう。

| 活動 9 | 質疑応答をする

報告が終わったら、クラスメイトから質問を受けましょう（参照：p.111）。受けた質問をメモしましょう。それに対してどのように答えるかグループで相談して、答えを記入しておきましょう。

| 受けた質問 1 |

| 私たちの答え 1 |

| 受けた質問 2 |

| 私たちの答え 2 |

| 受けた質問 3 |

| 私たちの答え 3 |

ステップ5 ふりかえり　｜　ディスカッションの完成度を確認する

活動10　自分たちのディスカッションについて評価する

（1）今回、あなたのグループのディスカッションは、うまくいきましたか。
5段階で評価しましょう。また、改善すべき点があれば、それも書きましょう。

- ● 自分たちのディスカッションに対する評価

  とてもよかった　　5　　4　　3　　2　　1　　よくなかった

- ● 改善すべきところ

（2）今回のディスカッションの結論に対するあなたの「納得度」は何％ですか。
その理由も書きましょう。

- ● 結論に対する納得度　　＿＿＿＿＿＿％
- ● 理由

（3）あなた自身は、今回のディスカッションの目標13〜16を達成できましたか。また、1〜12もできましたか。「はい」か「いいえ」に✓を入れてください。

	達成目標	はい	いいえ
1	ほかのメンバーの意見に対して、ことばや表情・態度で反応できた。		
2	ほかのメンバーの話がわからないときに、適切なことばを使って確認できた。		
3	はっきりとした、自然な発音やイントネーションで話せた。		
4	礼儀正しいことばづかいができた。		
5	自分がどんなことを話すか、前もって計画を立てることができた。		
6	自分が話すとき、よくする間違い（文法・表現・発音・態度など）に気をつけることができた。		
7	話したいことがあるとき、適切な表現を使ってターンを取ることができた。		
8	ほかのメンバーを話し合いに誘い入れることができた。		
9	自分がどんな日本語を使って話すか、前もって計画を立てることができた。		
10	考えているときは「そうですね…」などのことばを使って、時間を稼ぐことができた。		
11	自分が今から話すことの「前置き」ができた。		
12	ほかのメンバーが話した内容を要約して、その論点を確認することができた。		
13	ターンを取ってから、スムーズに話しはじめ、終わることができた。		
14	ほかの人の意見と、自分の意見を関連づけて、話を発展させることができた。		
15	ディスカッションの流れを調整することができた。		
16	全体として、ディスカッションの発展に貢献することができた。		

活動 11　ほかの人から学んだこと・発見したことを話す

今回のディスカッションを通じて、ほかの人の意見や考え方から、あなたが学んだこと・発見したことをクラスで話しましょう。理由も話してください。

印象に残った考え方や意見

学んだこと・発見したこと

応用　問題解決型のディスカッションで話せそうなテーマを考えてみましょう。

　例：[　外国語能力を伸ばす　]には、どうすればよいか。

・どうすれば、[　　　　　　　　　　　　　　]ができるか。

・[　　　　　　　　　　　　　　]には、どんな方法があるか。

MEMO

第2部　解説編

 解説1　ディスカッションとは

 解説2　ディスカッションの基礎

解説 1　ディスカッションとは

1　「ディスカッション」とは

（1）ディスカッション、ディベート、会話の「違い」

　私たちは、日常のさまざまな場面で「話し合い」をしています。友だちと「今日のお昼は何を食べるか」「今度の休みにどこへ行くか」などを決めるときも話し合いますが、「ディスカッション」とは、「テーマについて参加者が意見を出し合い、考え、検討する」というプロセス（過程）がある、さらに深い話し合いのことです。そのため、より厳密にはディスカッションを「討論」「議論」と訳すこともあります。例えば、「高校に校則は必要か」「大学へ行く意味は何か」「地球温暖化はどうすれば防げるか」など、人によってさまざまな意見がありそうなテーマについて、ほかの人と意見を交換し、反論したり、同意したりすることを通して、よりよいアイディアや結論をめざすのがディスカッションです。実は、ディスカッションに明確な定義はなく、決まったルールや進め方もありません。しかし、「求められること」はあります。まず、ディベート、会話との違いに注目して、ディスカッションの特徴と心がけるべきことを理解しておきましょう。

● ディベート（Debate）—論理で相手に勝つ、戦略的な議論

　肯定・否定などの二つの立場に分かれて、自分側と相手側のどちらが「正しい」かを、証拠を用いて論理的に明らかにすることが目的の議論です。決められたルールと時間の制約があり、司会進行の指示にしたがって形式的に進められます。途中で自分の立場を変えたり、ほかの話題に移ったりすることはできません。最終的にどちらか「正しい」と判定されたほうが「勝ち」で、負けた側の意見は生かされません。事前に相手がどのような意見を出してくるかなどを予想し、戦略的に議論するので、一種の知的ゲームとも言われます。

● ディスカッション（Discussion）—柔軟で協力的な、「深い」話し合い

　テーマについて、複数のメンバーで多様なアイディアや意見を出し合い、解決策を探ることを目的とした話し合いです。複数の論点からテーマを検討し、一つの結論を出す（＝合意形成

をする）ことをめざします。ディベートと大きく違うのは、決まったルールや進め方がないことと、参加者の立場が固定されておらず、途中で意見が変わってもいいことです。むしろ、ディスカッションを通じて自分が変化するのはとても意義があることです。また、誰が正しいかを決めるのではなく、すべてのメンバーの意見に価値があると考えて尊重することも、ディベートとはまったく異なる点です。このようなディスカッションでは、結論に至るプロセス、つまり、参加者の意見をよく聞き、確認したり、まとめたり、自分の意見と関連づけたりする過程こそが、重要な意味を持ちます。充実したディスカッションには、メンバー全員の「柔軟で協力的」な態度が必要です。

● 会話（Conversation）―相手との関係性と場面を重視した、ことばのやり取り

二人または少人数で行う、ふだんの意思疎通や情報交換のためのことばのやり取りです。思っていることを伝えたり、必要な情報を得たり、与えたりすることが目的です。ルールなどは一切ありませんが、ことばの使い方や話の進め方は、お互いの関係性（親しさ、年齢、立場の違いなど）に基づいています。相手の心理や立場、考え方、情報のギャップなどに配慮し、場面と状況に応じた友好的な態度が求められます。

〔表1〕ディベート、ディスカッション、会話の「違い」

	ディベート	ディスカッション	会話
テーマ	ある	ある	任意
活動の本質	正しさの証明 （説得するための論理の構築）	検討 （最善の案を探るための意見交換）	意思疎通、情報のやり取り （相手との関係性の維持）
プロセス	形式的	柔軟	自由
態度	戦略的	協力的	友好的
立場	固定	変更できる	自由
終わり方	勝敗	合意形成	任意

ディベート、ディスカッション、会話の違いの例

例えば、「今度の大学祭で何をするか」について、ディベート、ディスカッション、会話のそれぞれで、話し合い方が具体的にどのように異なるかを見てみましょう。

👉 こんな点に注目しよう！

▶目的：どんな目的で話していると思いますか。
▶進め方：誰が、どのように進めていますか。
▶メンバーの参加の仕方：話す順番、一人が話す量（長さ）などはどうなっていますか。
▶日本語：どのような日本語表現が使われていますか。
▶話す内容：意見や理由として、どのようなことを言っていますか。
　決まった構成はありますか。

⬛ ディベートの例

※ディベートでは、はじめから立場が対立するようにテーマが設定されます。この例では「食べ物屋 vs. ダンス」です。

司会：	それでは、食べ物屋側の立論を始めてください。
食べ物屋を支持する立場：	今度の大学祭では、食べ物屋をするべきです。なぜなら、食べ物屋は人気があって、大学祭が盛り上がるからです。それに、いろいろな準備や手配の過程でクラスの団結力が強くなります。また、物を作って売り、利益を上げることがいかに大変かを理解するいい経験にもなります。
司会：	では、ダンス側の尋問を始めてください。
ダンスを支持する立場：	・食べ物屋が学祭を盛り上げるというのは、根拠がありますか？ ・準備をする過程で団結力が強くなるとのことですが、負担が不公平になって、逆にクラスの雰囲気が悪くなるのではないですか？ ・物を売って利益を上げる苦労を経験するのは、今の私たちに必要ですか？… （以下、「ダンス」側の立論、「食べ物屋」側の尋問、互いの反駁※、判定と続く） ※反駁：反論すること

　はじめから立場が分かれ、司会の指示にしたがって、決められた順番ごとに発言しています。意見と理由は論理的・客観的で、堅い日本語表現を使ってスピーチのように話しています。相手に自分の正しさをアピールするためです。尋問する側は、相手が答えに困るような厳しい質問をします。

> **ディスカッションの例**

Aさん	今度の大学祭では、何をすればいいと思いますか?
Bさん	食べ物屋はどうですか? 大学祭といえば、食べ物屋ですよね。
Cさん	私も、食べ物屋がいいと思います。準備が大変だろうけど、みんなでやればなんとかなると思います。
Dさん	おもしろそうですね。私もいいと思います。じゃあ、たこ焼き屋とかはどうですか?
Aさん	えーと、ちょっと待ってください。Eさんは、どう思いますか?
Eさん	うーん、私は、食べ物屋はどうかと思います。準備することが多すぎて、誰かに負担が偏ってしまうかもしれません。それに、食中毒の心配もありますよ。
Dさん	準備の分担は、みんなでよく話し合えば問題ないのではないでしょうか。でも、確かにEさんが言うように、食中毒は怖いですね。
Aさん	そうですね。
Cさん	皆さんがおっしゃるように、食べ物を扱うのは難しそうですね。じゃあ、ダンスはどうですか?
Bさん	ダンス? なるほど、ダンスもいいですね。食べ物屋以外、思いつかなかったです。
Dさん	ダンスは、苦手な人もいますよね…。そういう人はどうしたらいいですか?
Eさん	ダンスはできないけど、音楽を準備したり、会場設営したりするのが好きな人もいると思います。
Dさん	そうですね、それぞれが得意なことを担当すればいいんですよね。
Aさん	では、ダンスも候補に入れておきましょうか。

はじめと終わりはAさんが話していますが、話し合いは全員が協力し合って進めています。話す順番は決まっておらず、一人ひとりが積極的にターン(発言権)を取っています。また、お互いの意見を聞いて理解した上で、自分の意見と関連づけながら、短く簡潔に話しています。意見と理由は、論理的で客観的です。日本語表現は、自分の考えを正確に伝え、礼儀を守りながら円滑なコミュニケーションができるレベルのものが使われています。最後は、話をまとめる形で自然に終わっています。

会話の例	
Aさん	10月の学祭さー、何するか決めないとね。
Bさん	何がいいかな。食べ物屋とかは？
Cさん	食べ物屋より、ダンスがいいな。
Aさん	私もダンス好きだから、ダンスがいい。
Dさん	えー、でも私、ダンスやったことない。
Bさん	そっかあ。うーん。悩むね。
Aさん	ねー。悩むよね。

　話している人たちの関係性（ここでは親しい友だち同士）に基づいた「意思疎通」と「情報のやり取り」をしています。話が突然始まり、一人ひとりが思いつきで自由に発言しています。この例のように、「好きだから」「ダンスなんてできない」など、意見と理由が個人的な考えになることもあります。また、問われていること（大学祭で何をするか）に対する明確な答え（結論）を出さず、「悩むよね。」という共感で終わることができるのも、ディベートやディスカッションとは異なるところです。

（2）このテキストの「ディスカッション」

　ディスカッションの特徴を理解できたでしょうか。では、充実したディスカッションを行うには何が必要か、もう少し具体的に考えてみましょう。

　はじめに述べたように、ディスカッションには、はっきりとした定義、決まった方法や進め方はありません。しかし、参加者が協力的でなく、一人ひとりが好き勝手に話すだけでは、話し合いが思うように進まず、合意形成をすることができません。そこで、このテキストでは、ディスカッションを次のようなものとして扱い、その方法を学びます。

≪このテキストで学ぶディスカッション≫
あるテーマについて、グループ内で意見交換し、最善の案に到達するための協力的な話し合い

「最善の案」―話し合った中で最もよい案―という「結論」を出すことが、このテキストのディスカッションのゴールです。ゴールがあれば、そこに至るまでの進め方を構造化し、段階的に取り組むことができます。そして、このテキストのディスカッションで重視するのは、結論について合意形成をすることです。そのためには「協力的」であることが必要です。〔図1〕を見てください。

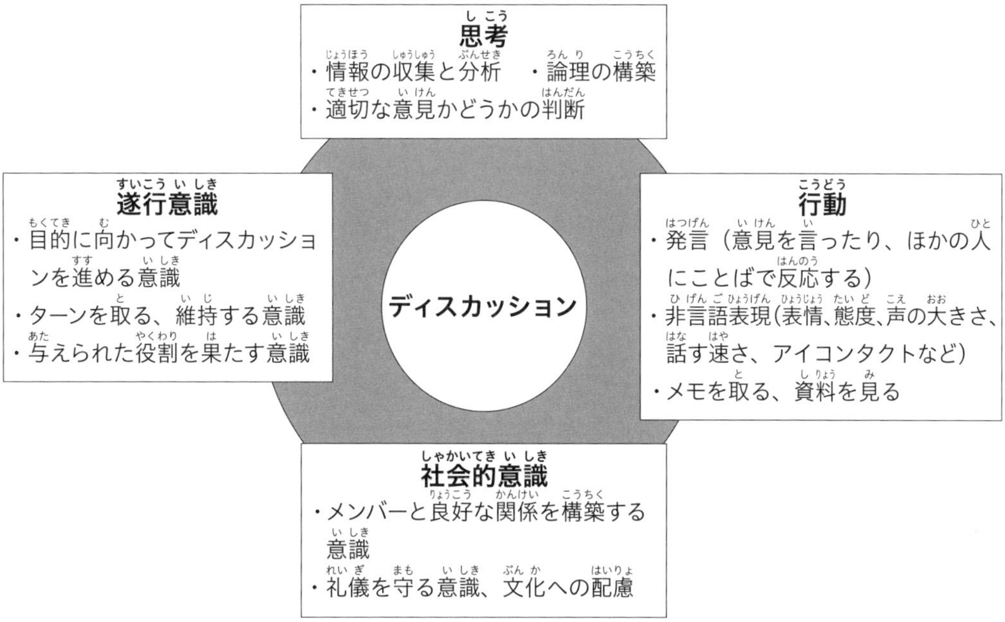

思考
・情報の収集と分析　・論理の構築
・適切な意見かどうかの判断

遂行意識
・目的に向かってディスカッションを進める意識
・ターンを取る、維持する意識
・与えられた役割を果たす意識

ディスカッション

行動
・発言（意見を言ったり、ほかの人にことばで反応する）
・非言語表現（表情、態度、声の大きさ、話す速さ、アイコンタクトなど）
・メモを取る、資料を見る

社会的意識
・メンバーと良好な関係を構築する意識
・礼儀を守る意識、文化への配慮

〔図1〕　ディスカッションを成立させる四つの要素

〔図1〕は、このテキストで学ぶディスカッションに必要な四つの要素です。このうち、充実したディスカッションを行うのに特に欠かせないのは、「遂行意識」です。遂行意識とは、課題をクリアしながら目的を達成する意識のことです。具体的には、適切なタイミングで自分のターンを取得・維持する、ほかのメンバーにターンを回す、話がずれそうになったときに戻す、お互いの意見を確認・整理してまとめる、次の論点へ移る、など、ディスカッションを柔軟に、「協力的」に進め、議論の発展と合意形成に貢献しようとする意識です。メンバー全員がこの意識を持ち、協力して進めなければ、有意義なディスカッションにはなりません。

もちろん、四つの要素はどれも大切です。自分が苦手なことや、これまでできていなかったことには、意識的に挑戦してみましょう。

近年、大学生活や就職活動などでも、ディスカッションを取り入れる機会が増えました。ディスカッションは、コミュニケーション能力や論理的思考力、情報収集・分析力、日本語能力な

ど、さまざまな能力が求められるダイナミックな活動だからです。メンバーとの充実したディスカッションは、とても有意義で、自分を大きく成長させてくれます。どんなテーマのディスカッションでも自信を持ち、楽しめるように、このテキストでたくさん練習してください。

解説2 ディスカッションの基礎

1 ディスカッションで大切なこと

ディスカッションで大切なことは、まずは「たくさん話すこと」です。次に、「相手の話をよく聞くこと」です。そして、「話す」「聞く」ときに同時に大切なことがあります。それは、以下の四つです。

①あいづち　　②アイコンタクト　　③丁寧な態度　　④記録

①あいづち

あいづちは、「私は、あなたの話を聞いていますよ」ということを伝えるためのものです。相手の話を聞くときにあいづちがないと、相手は話がしにくいものです。相手が話をしているときは、話の切れ目で「はい」「ああ」などの短い反応をしたり、相手を見てうなずいたりすることで、話を聞いていることを相手に伝えましょう。

● 話を聞いていることを示すあいづち…「はい」「うん」「ああ」「そうですね」など

②アイコンタクト

アイコンタクトも、「私は、あなたの話を聞いていますよ」ということを伝えるためのものです。相手の話を聞くときに相手のほうを見ていないと、相手は「話を聞いてくれていない」と不安になります。相手が話しているときは、相手のほうに目を向けるようにしましょう。話を聞くときだけでなく、自分が話をするときにもアイコンタクトは重要です。緊張したり、準備した文章を読み上げようとしたりすると、目線が下に向いてしまいます。話をするときは、聞いている相手のほうを見て話しましょう。聞いている相手が複数いるときは、一人ずつにゆっくり視線を移しながら話をすると、落ち着いて余裕のある話し方に見えます。

③丁寧な態度

ディスカッションでは、さまざまな立場、論点から意見を言うことが大切ですが、絶対にけんかにならないように気をつけなければなりません。例えば、次のようなふるまいは、相手を不快にする可能性があるので、やめましょう。

・ほかの人の話が終わっていないのに割り込んで話をする
・自分の意見に反論した相手をにらむ
・相手の言っていることがわからないときに、「はぁ？」「言っていることがわかりません」と言う

④記録

ディスカッションで話した内容を書きとって記録を残すことは重要です。記録には、個人が自分のために取るメモと、グループの書記がまとめのために取る記録があります（詳細は、3 で説明します）。個人でメモを取ることで、メモを見ながら的確な質問や反論ができます。また、書記がまとめの記録を取ることで、これまでのディスカッションの内容、展開を整理して結論を出したり、ディスカッションのふりかえりをしたりできます。

2 役割分担

協力してディスカッションを進める方法の一つに、役割分担があります。ディスカッションを始める前に参加者間で役割分担をしておくと、ディスカッションをスムーズに進めることができます。ディスカッションには、主に次のような役割があります。

≪ディスカッションでの役割≫
① リーダー：テーマや論点を確認したり、メンバーに発言を促したりする
② タイムキーパー：時間内でディスカッションが終わるよう、時間を管理する
③ 書記：ディスカッションの内容やメンバーの発言を記録する
④ 報告者：話し合いの内容（結論）をほかの人に報告する

「①リーダー」は、ディスカッションのテーマや論点を確認したり、結論を出す声かけをしたりする役割です。といっても、自分が好きなように議論をコントロールしたり、勝手に結論

を決めたりできるということではありません。ディスカッションは全員で進めることが基本ですので、あくまでリーダーの役割は、メンバー全員が協力してディスカッションが進められるように気を配ることです。そのため、メンバーの中にあまり発言していない人がいる場合には、「○○さんはどう思いますか。」と声をかけて、リーダーが発言を促すこともあります。メンバーは、リーダーと協力して、ディスカッションをスムーズに進めます。

「②タイムキーパー」は、ディスカッションの時間を管理する役割です。ディスカッションには、制限時間が決まっていることが多く、その時間内で議論をまとめて結論を出すことが必要です。時間を把握していないと、論点の整理だけで長い時間話してしまったり、知らない間に制限時間が来てしまったりします。それで、時計やスマートフォンで時間を確認して、「今〇分たちました」や「残り時間あと〇分です」など声かけをする役割が必要なのです。タイムキーパーが適切に時間を管理することで、偏りのない話し合いを行うことができます。

「③書記」は、メンバーから出た意見や質問、反論を記録して、整理していく役割です。ディスカッションでは、複数のメンバーがさまざまな意見を言って議論が進んでいくので、その内容は複雑になります。書記がメンバーの発言を記録し、ディスカッションの内容を整理しておくと、議論の内容を確認するのに役に立ちます。話を聞いてそれを記録していくことは簡単なことではありません。また、書記は、ただ記録するだけではなく、自分も意見を言ってディスカッションに参加しなければならないので、トレーニングが必要です。何度も経験して慣れていきましょう。

「④報告者」は、ディスカッションを通して出た結論を、ほかの人に報告する役割です。ディスカッションの結論を、メンバーが理解し納得しているのは当然ですが、重要なのは、メンバー以外の人にも理解してもらい、納得してもらうことです。そのためには、堂々とした態度で、説得力のある報告をしなければなりません。報告したあとには、報告を聞いた相手から質問を受けることもあります。その質問に的確に答えられるように、事前にメンバーとよく相談して、報告の内容と報告の仕方を準備することも必要です。

3　記録の種類

　ディスカッションの「記録」には、大きく二つのものがあります。一つは「個人で取るメモ」です。そしてもう一つは「書記として取る記録」です。

　「個人で取るメモ」は、ディスカッションのメンバーが話した内容（意見や根拠など）を忘れないために取ります。そして、このメモを見ながら、ディスカッションのメンバーに質問したり反論したりします。

　「書記として取る記録」は、 2 で説明したように、ディスカッションのメンバーから出た意見を整理してまとめることが目的です。整理することで、これまでに出た意見のどれが似ているか、どれが対立しているかがよくわかるようにします。「書記として取る記録」は、グループでディスカッションの結論を出すときに必要なものです（参照：p.123）。

【個人で取るメモ】

```
テーマ：旅行に行くなら、一人か誰かと行くか

タオさん
（い） 一人
（り） 自由→好きなところに行ける

ジョンさん
（い） 誰かと
（り） わりかん OK→여비 싸다
                EX. タクシー、ホテル

リーさん
（い） 誰かと
（り） そうだん OK→道がわからないとき
                一人こまる
```

【書記として取る記録】

テーマ：旅行に行くなら、一人か誰かと行くか

	メリット	デメリット
一人	・自由 　→好きなところ ・好きな食べ物 ・新しい出会い	・わりかん× 　→お金かかる ・そうだん× 　→一人で考える 　→こまる
誰かと	・わりかん OK 　→りょうり 　　やすい ・そうだん OK 　→道わかる	・自由× 　→そうだんで決める

[共通点]
・簡潔な「ことば（単語）」で書いたり、矢印（→）などの記号を使ったりする
・漢字がわからないときは、ひらがなやカタカナで書いてもよい
・箇条書きする

[相違点]

（個人）
・誰の意見かをきちんと書く
・聞きとった順番に箇条書きする
・自国のことばを使ってもいい

（書記）
・誰の意見であるかは書かない
・論点や選択肢ごとに整理しながら箇条書きする
・メンバーが読めるように日本語で書く

4　ディスカッションのタイプ

ディスカッションは、「目的は何か」と「選択肢が決められているか」によって、大きくタイプが分けられます。このテキストでは、以下の四つに分類して、ディスカッションを学びます。

≪このテキストで扱うディスカッションの四つのタイプ≫
① 選択型（A）：提示された二つの選択肢からよりよいものを一つ選ぶタイプ
② 選択型（B）：複数の選択肢をあげ、その中から最もよいものを一つ選ぶタイプ
③ 賛否両論型：賛否が分かれる問題について、よりよい立場を支持するタイプ
④ 問題解決型：ある問題について解決案をあげ、最もよい方法を決めるタイプ

選択型（A）ディスカッション

「①選択型（A）」は、提示された二つの選択肢から、よりよいほうを選ぶタイプのディスカッションです。二つの選択肢それぞれのいい点、よくない点を整理して、どちらがよりよいかを決めます。

テーマの例）
・都会と田舎、住むならどちらがいいか。
・メモを取るなら、紙のノートかタブレットのノートアプリか。

選択型（B）ディスカッション

「②選択型（B）」は、選択肢が提示されるのではなく、自分たちで選択肢のアイディアを複数あげるタイプのディスカッションです。そして、その中で、最もよいものを選びます。「なぜそのアイディアが最もよいのか」について説得力のある説明ができるように、多くの観点から選択肢を検討することが必要です。

テーマの例)
・アルバイトをするなら何が一番いいか。
・大学生活で最も大切なことは何か。

(賛否両論型ディスカッション)
　「③賛否両論型」は、賛成／反対の立場が分かれるテーマについて、どちらの立場を支持するか決めるタイプのディスカッションです。出された意見に同意したり反論したりすることで、どちらの立場により妥当性があるか議論を深めていきます。大まかな構造は選択型（Ａ）のディスカッションと同じで、賛否両論型は、選択型（Ａ）の発展形と言えます。

テーマの例)
・外国人観光客に対する二重価格の設定に賛成か、反対か。
・小学校での英語教育の教科化は必要か。
・死刑制度を認めるべきか。

(問題解決型ディスカッション)
　「④問題解決型」は、ある問題について、できるだけ多くの解決案をあげ、その中から最もよい方法を決めるタイプのディスカッションです。出された解決案を、複数の観点から評価したり、ときには統合や修正を行ったりして、最もよい結論を提示します。大まかな構造は選択型（Ｂ）のディスカッションと同じで、問題解決型は、選択型（Ｂ）の発展形と言えます。

テーマの例)
・日本語学習者の日本語能力を伸ばすには、どうすればいいか。
・日本社会でキャッシュレスを普及させるには？
・どうすれば、少子化を止めることができるか。

5　ディスカッションの流れ

目的意識を持って有意義なディスカッションを行うために、「結論」を出すことをめざしましょう。そして、それをクラスのみんなの前で報告しましょう。ディスカッションは、次のような順番で進めていきます。

① 話し合う
② 結論を出す
＋③ 結論を報告する

「①話し合う」作業に入るときには、まず、メンバーの役割を決めておくことが必要です。ディスカッションに使える時間も確認しておきましょう。そのあと、リーダーが、「今回のディスカッションのテーマは、〜〜〜〜です。」と言って、グループのメンバー全員がテーマを理解してから、話し合いを始めます。論点は、ディスカッションを進める中で一つずつ決めていく場合もありますし、はじめにすべての論点を決めておく場合もあります（参照：p.99）。論点について互いに意見を出し合い、また、意見に対して質問や同意や反論を行います（参照：p.111）。メンバーが好き勝手に言いたいことを言ったり、誰も記録を取らなかったりすると、ディスカッションはうまく進みませんし、議論も深まりません。ディスカッションの内容を記録するのは、書記の役割です。

ディスカッションの時間が終わりに近づいてきたら、タイムキーパーが時間を伝えて、「②結論を出す」段階に進みます。このとき、書記の記録を参考にして、ディスカッションでの議論の流れを確認・整理することが必要です。書記が上手に記録していると、確認と整理がしやすくなります（参照：p.84）。結論は、多数決やじゃんけんではなく、グループで納得がいくまで話し合うことが重要です。このような過程を経て結論に至ることを「合意形成」と言います。

「話し合う」、そして「結論を出す」までがディスカッションですが、これに付随する活動として、「③結論を報告する」というものがあります。グループで出した結論を報告することで、ほかの人にもディスカッションの成果を共有します。これは、報告者の役割です。

第3部　技術編

 技術1　考える

 技術2　話す

 技術3　結論を出す

技術 1 ／ 考える

活動 1　アイディアを出す

　ディスカッションを充実した内容にするためには、テーマに沿ったアイディアをたくさん出すことが大切です。まずは、ディスカッションの基礎（参照：p.81）を踏まえながら、簡単なアイディア出しをしてみましょう。

🟡 やってみよう 1

グループ内で役割を分担して、（1）（2）のキーワード（動物・観光地）に当てはまるもの（＝アイディア）をたくさん出してみましょう。制限時間は 5 分です。

- **リーダー** …………ディスカッションを始めるときと終わるときに「始めましょう」「終わりましょう」と声かけをしましょう。あまり話していない人がいたら、発言を促しましょう。
- **タイムキーパー** …時間を計って、1 分、3 分、4 分 30 秒のときに、メンバーに知らせましょう。
- **書記** ………………書記として記録を取ってみましょう。（参照：p.84）
- **報告者** ……………出たアイディアを報告しましょう。「アイディアは、全部で〇つあります」と言って、グループで出たアイディアを読み上げていきましょう。

（1）動物（アイディアの例：イヌ、ネコ、ブタ、トラ、など）

（2）観光地（アイディアの例：大阪城、浅草、ベルサイユ宮殿、など）

活動 2　前提条件の設定

　現実のディスカッションでは、あるテーマに対して前提条件が決まっていることが多いです。

　例えば、企業で新商品の企画会議を行うときのことを考えてみましょう。「若者向けのリーズナブルな商品」を作ることが決まっているのに、それを知らないメンバーが「高齢者向けの高級な商品」を想定していると、目的に合わない意見やアイディアがたくさん出て、ディスカッションがスムーズに進みません。そこで、〔若者をターゲットにしたもの〕〔春をイメージしたもの〕〔値段設定は1,000円程度〕など、前提となる条件を先に決めて、それをもとにディスカッションを行います。そうすると、同じゴールに向かってより具体的に話をすることができるので、意見やアイディアがばらばらになることを防ぐことができます。

　また、あえて前提条件を変えてあらためてはじめからディスカッションをやり直すことで、ディスカッションの内容がより深まることもあります。先ほどのディスカッションで、〔夏をイメージしたもの〕〔秋をイメージしたもの〕〔冬をイメージしたもの〕と前提条件を変えてもう一度はじめからディスカッションをしてみます。そのときに、前の意見と比べてみると、季節に特化したイメージが鮮明になります。これによって、「春らしいイメージ」とはどのようなものか、もっと「春らしいイメージ」にするにはどうしたらいいか、ということがより詳しく見えてきます。

✓ 「前提条件」を設定することのメリット
① 全員が同じ前提条件を共有して話をするので、意見やアイディアが整理され、ディスカッションをスムーズに進めることができる。
② 前提条件を変えると出てくる意見が変わるので、ディスカッションの内容がより多面的になる。

やってみよう2

チーム内で役割を分担して、「やってみよう1」の（1）（2）のキーワード（動物・観光地）に当てはまるもの（＝アイディア）をたくさん出してみましょう。制限時間はそれぞれ5分です。

　※アイディアは、前提条件（例：肉食、北極で暮らす、アジアの、など）にしたがって出してください。キーワードが同じでも、前提条件が変われば、出すべきアイディアも違ってきます。

（1）動物（アイディアの例：イヌ、ネコ、ブタ、トラ、など）

　✎ 【前提条件1】肉食動物

　✎ 【前提条件2】北極で暮らす動物

　✎ 【前提条件3】日本人が好きな動物

（2）観光地（アイディアの例：大阪城、浅草、ベルサイユ宮殿、など）

　✎ 【前提条件1】アジアの観光地

　✎ 【前提条件2】世界遺産に登録されている観光地

　✎ 【前提条件3】外国人観光客に人気のある日本の観光地

活動3　付せんを使ってアイディアを出す

　アイディアを出すとき、複数の視点でアイディアを考えなければならない場合があります。例えば、「旅行に行くなら、一人で行くか誰かと行くか」というディスカッションのテーマでは、次の四つの視点でアイディアを出す必要があります。

- ✓ 一人で旅行に行くいい点
- ✓ 一人で旅行に行くよくない点
- ✓ 誰かと旅行に行くいい点
- ✓ 誰かと旅行に行くよくない点

　このように複数の視点でアイディアを出す場合、それぞれのアイディアを違う色の付せんに書いていくと、それがどの視点で考えたアイディアなのか一目でわかります。また、視点ごとにアイディアを色分けすれば、グループで出されたアイディアを共有したり整理したりするときにもスムーズに作業することができます。
　ここでは、複数の色の付せんを使ったアイディア出しの方法を確認しましょう。

準備するもの　付せん（2色）、筆記用具、ホワイトボード（または模造紙）

【方法1】
ホワイトボードに「一人で旅行に行くいい点・よくない点」と書きます。

図1

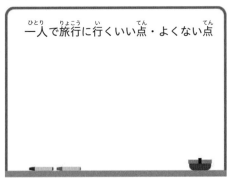

【方法2】
一人ひとり、付せんにアイディア（いい点・よくない点）を書きます。
※この作業は個人で行いましょう。

≪ポイント≫
① 付せんは、次のように色分けするとわかりやすいです。
　　［桃色］一人で旅行に行くいい点
　　［黄色］一人で旅行に行くよくない点

② アイディア（いい点・よくない点）は1枚の付せんに一つ書きます。

| 一人なら自分の
ペースで観光できる | 一人で旅行すると
知らない人と
交流できる | 一人だと荷物が多く
なっても誰も
持ってくれない | 一人だと
宿泊費が高くなる |

【方法3】

一人1枚ずつ、順番に自分が書いた付せんをホワイトボードに貼っていきます。

≪ポイント≫

アイディアは一人一つずつ（付せん1枚ずつ）発表しましょう。一人が一度に複数のアイディアを発表すると、ほかの人の発言の機会を奪うことになるからやめましょう。

図2

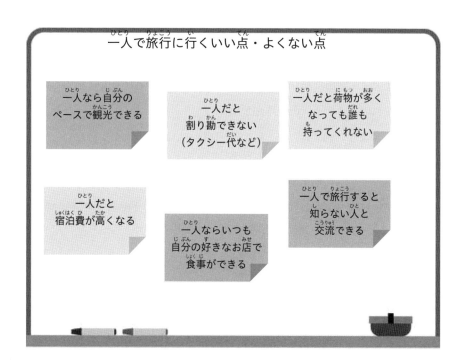

> やってみよう 3-1

「東京を観光案内するいい点・よくない点」をたくさん考えて、付せんに書き出していきましょう。制限時間は5分です。

※1枚の付せんにアイディアを一つ書いてください。（目標は一人10枚です！）

> やってみよう 3-2

「やってみよう 3-1」で出したアイディア（東京を観光案内するいい点・よくない点）を一つずつ順番に発表して、アイディアが書いてある付せんをホワイトボード（または模造紙）に貼っていきましょう。

※必要に応じて、発表したアイディアについて詳しく説明しましょう。

活動 4　アイディアの共通点を探す

　たくさんのアイディアが出たら、それらのアイディアの共通点を探してみましょう。そうすることで、それぞれのアイディアの関係性がよくわかり、話し合いでメンバーが重視しているポイントが見えてきます。例えば、「一人で旅行に行くいい点・よくない点」の場合、図3の◯で囲んだアイディアにはなんらかの共通点があります。

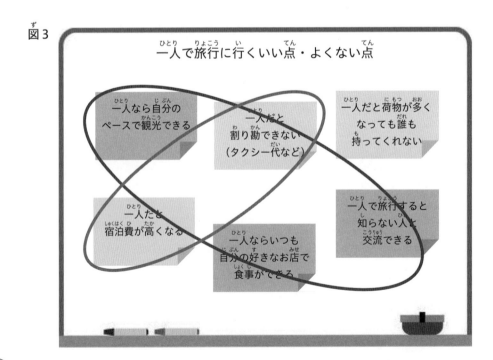

図3

図4

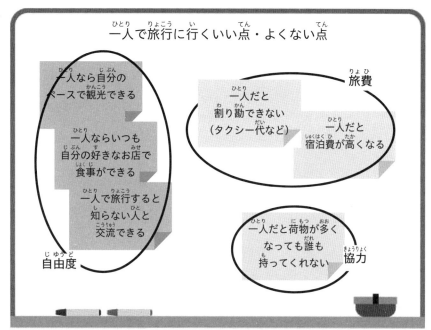

　このとき、共通点のあるアイディアをまとめましょう。そして、そのまとまりに名前を付けましょう。そうすると何に関するアイディアなのかがよくわかります（図4）。

　この「アイディアのまとまりごとに付けた名前」が「論点」です。「論点」とは、ディスカッションの要点のことで、あるテーマについて話すとき、考えるべき大切なポイント、話すべき話題（トピック）のことです。図4では、アイディアのまとまりに、それぞれ「旅費」「自由度」「協力」と名前を付けましたが、これらが「論点」となります。

やってみよう4

「やってみよう3-2」で出たアイディア（東京を観光案内するいい点・よくない点）の共通点を探して、まとまりを作ってみましょう。また、それらのまとまりに名前を付けてみましょう（＝「論点」を考える）。

活動5　ボトムアップ型のアイディア整理

　活動3と活動4では、「はじめにたくさんアイディアを出して、そのあとでアイディアの共通点を探してまとまりを作っていく」という方法で、アイディアを出したりアイディアの整理を行ったりしました。このようなアイディア整理の方法を、ここでは「ボトムアップ型」と呼びます。

アイディア整理の方法①：ボトムアップ型

【手順】

1．クラス（またはグループ）でたくさんアイディアを出す。
2．出されたアイディアの共通点や類似点を考え、グループに分ける。
3．グループごとに名前を付ける。（→「論点」を考える）

　ボトムアップ型のアイディア整理のいいところは、自由にアイディアを出すことができるという点です。 活動3 で行ったアイディア出しのように、思いついたままにアイディアを出していきますから、さまざまな視点のアイディアを自由に、そしてたくさん得ることができます。しかしその反面、多種多様なアイディアが同時に示されるので、話し合いがいろいろな方向へ行ってしまうというデメリットもあります。ですから、ある程度のアイディアが示されたら、必ずそれらのアイディアの共通点を考えて、「論点は何か」を考えることが大切です。

やってみよう5

ボトムアップ型のアイディア整理の方法を使って、「留学生が寮で生活するいい点・よくない点」というテーマでアイディア出しとアイディアの整理を行ってみましょう。制限時間は7分です。

　※チーム内で役割を分担してください。

活動 6　トップダウン型のアイディア整理

　アイディア整理をする方法には、先に論点を設定してからアイディアを出して整理するという方法もあります。この方法では、ディスカッションのはじめに、ディスカッションで考えるべき大切なポイント（＝論点）を複数個考えます。そして、提示された論点ごとにアイディアを出していきます。この「論点ごとにアイディアを整理する方法」を、ここでは「トップダウン型」と呼びます。

アイディア整理の方法②：トップダウン型
【手順】
1．ディスカッションのテーマで論点となりそうなものを複数個考え、それらを書き出す。
2．1で考えた論点ごとに、アイディアを出していく。

　例えば、「誰かと旅行に行くいい点・よくない点」というアイディア出しの場合、それらのアイディアをトップダウン型で整理すると、以下のようになります。

1．論点を決める　→　2．論点ごとにアイディアを出す

旅費	誰かと旅行すると移動費が割り勘できる	誰かと旅行すると宿泊費が安くなる
自由度	誰かと旅行すると、友だちの意見も聞いてレストラン選びをしなければならない	誰かと旅行すると興味がない観光地に行かなければならない
協力	誰かと旅行すると、入らなくなった荷物（お土産）をその人のカバンに入れてもらえる	誰かと旅行するといろいろな写真が撮れる（自撮りとはレベルが違う）

トップダウン型では、「論点」ごとにアイディアを整理することを重視します。それによって、一貫性のあるディスカッションを行うことができます。

まず、論点ごとにアイディアを出すことで、話し合いがスムーズに進みます。ディスカッションではテーマに沿ってアイディアを出していきますが、そのアイディアのポイントはさまざまです。もし、異なるポイントのアイディアを好き勝手に話していたら、話があっちこっちに行ってしまい、話し合いを上手に進めることができません。ですから、アイディアを出す前、あるいは、ある程度アイディアが出たあとで、どのような論点が出ているのかをメンバーで確認し、論点ごとにアイディアを整理するようにしましょう。

　また、論点ごとにアイディアを出しておけば、その記録は、ディスカッションの最後にアイディア（意見）をまとめて結論を出すときの資料になります。結論を出すときは、話し合いでどのようなアイディア（意見）が出たのかを確認しますが、そのときに、それぞれのアイディア（意見）が論点ごとに整理されていると、話し合いのポイントは何か、また、それぞれのポイントにはどのようなアイディアが出されているのかが一目でわかります。

　ですから、アイディア（意見）は論点ごとに出すようにしましょう。そして、ディスカッションの途中で論点がずれてきたと感じた場合は、それを指摘し、軌道修正するようにしましょう。日本語表現は、巻末資料4（15）を参照してください。

やってみよう6

　トップダウン型のアイディア整理の方法を使って、「留学生がアルバイトするいい点・よくない点」というテーマでアイディア出しとアイディアの整理を行ってみましょう。制限時間は7分です。

　　※チーム内で役割を分担してください。

活動 7　アイディアを報告する

　グループで出たアイディアは、アイディア出しに参加していない人たち（例えば、ほかのグループのメンバーなど）に報告して、内容を共有してもいいでしょう。各グループが、お互いにアイディアを報告し共有することで、さらに多様な考え方に触れることができます。これは、自分の考えを深めたり、新しいアイディアを考えたりするときに役に立ちます。

　「アイディアの報告」では、理由が明確でグループメンバー全員が納得するアイディアを意見として報告しましょう。また、ユニークなアイディアや斬新なアイディアを報告してもいいでしょう。しかし、理由がはっきりせず、みんなが納得していないアイディアは共有してはいけません。そのようなアイディアを共有しても、学びが深まったり新たな発想が生まれたりしないからです。自分たちのアイディア出しで得たアイディアの中で、どれが一番共有する価値があるものかを考え、それをほかのグループの人たちに報告しましょう。

◎「アイディアの報告」の表現例

私たちは、＿＿＿＿＿＿＿＿＿＿＿＿＿＿＿＿＿＿＿について、
＿（一つ目の論点）＿、＿（二つ目の論点）＿、＿（三つ目の論点）＿、という論点に分けて考えました。

　＿（一つ目の論点）＿について、例えば、○○という意見が出ました。
・・・・・(詳細な説明)・・・・・。

　＿（二つ目の論点）＿については、例えば、△△という意見が出ました。
・・・・・(詳細な説明)・・・・・。

　＿（三つ目の論点）＿については、例えば、□□という意見が出ました。
・・・・・(詳細な説明)・・・・・。

以上です。

やってみよう7

「アイディアの報告」の表現例を使って、「やってみよう6」(留学生がアルバイトするいい点・よくない点)のアイディアを報告してみましょう。

技術 2 / 話す

活動 1　意見と理由を言う

(1)「やり取り」の中での「意見」と「理由」

　ディスカッションで意見を言うときは、なぜそう思うのか、必ず「理由」も言いましょう。特に、自分と異なる意見を持っている人に対しては、できるだけ共感してもらえるように理由をきちんと説明することが大切です。

　ただし、一方的に発言するスピーチや発表とは異なり、ディスカッションでの発言は、相手とのことばの「やり取り」の一部です。聞いている人の反応を見ながら話し、一人で長く話しすぎないように気をつけましょう。（スピーチの場合の構成は 活動 2 を参照。）

(2)「理由」の内容

　例えば、「旅行に行くなら一人で行くほうがいい」という意見の理由を考えてみましょう。「私は一人が好きだから」「私は一緒に行きたい友だちがいないから」などという、個人的な好き嫌いや経験は、理由として適切とは言えません。異なる意見を持っている人にも納得してもらえるように、客観的な視点から考えましょう。

(3)「意見」とともに「理由」を言うときの表現

　意見と理由を言う表現は、(例1a) が典型です。理由を意見のあとに言うときは、接続詞「なぜかというと／なぜなら／というのは」を使うと、よりわかりやすく伝えられます（例1b）。

例1）「意見」とともに「理由」を言うときの表現（典型例）

a. 私は、〔理由〕自由に自分の好きな観光地に行ける {から／ので}、〔意見〕一人で旅行に行くほうがいい と思います。

b. 私は、〔意見〕一人で旅行に行くほうがいい と思います。{ なぜかというと／なぜなら／というのは }、〔理由〕自由に自分の好きな観光地に行ける からです。

しかし、実際のやり取りでは、必ずしも前のページのような形で意見と理由が述べられるとは限りません。典型以外のいろいろな言い方（例2）も試してみましょう。

例2）「意見」と「理由」のいろいろな言い方
▶ 私は、一人で旅行に行くほうがいい**と思います**。自由に自分の好きな観光地に｛行ける**ので**／行け**ますから**｝。
▶ 私は、一人で旅行に行くほうがいいんじゃないかと思うんですよね。自由に自分の好きな観光地に行ける**し**。
▶ 旅行の楽しみは、自由に行動できることだ**と思いませんか**？　**だから**、私は一人で旅行に行くほうがいいんじゃないかと思うんですけど…。
▶ 私は、一人で旅行に行くほうがいいんじゃないかな、と思うんですけど。**だって**、自由に自分の好きな観光地に行ける**でしょう**？

やってみよう1

「旅行に行くなら、一人で行くか誰かと行くか」について、下の形式を使って意見（一人で行く／誰かと行く）と理由（なぜそう思うか）を話してみましょう。

① _____｛から／ので｝、旅行に行くなら、私は ＿＿一人で行く／誰かと行く＿＿ ほうがいいと思います。

② 私は、旅行に行くなら ＿＿一人で行く／誰かと行く＿＿ ほうがいいと思います。
｛なぜかというと／なぜなら／というのは｝、_____
からです。

活動 2　詳しい説明をする

　ディスカッションで意見と理由を簡潔に言うためには、前もって自分の考えをまとめて話す練習をしておくと、とても役に立ちます。　活動 2　では、意見と理由に「詳しい説明」を加えて、ミニスピーチの形で練習をしてみましょう。次のような構成にすると、聞いている人に伝わりやすいでしょう。

意見　→　理由　→　詳しい説明　→　まとめ（意見の再提示）

　「詳しい説明」では、理由に関連する具体的な例や現状の説明などを話すといいでしょう。言いたいことがいくつかある場合は、接続詞を使って順番に整理しながら述べましょう。また、文末表現は「〜です／ます」を繰り返すだけでは単調で、場合によっては押しつけのような印象を与えます。「〜かもしれません」や「〜のではないでしょうか」などを効果的に使うと、共感を得やすくなります。

◎「詳しい説明」で使える日本語表現

＜列挙の接続詞＞

- まず、（事例①の文）。また、（事例②の文）。そして、（事例③の文）。
- 一つ目は、（事例①の文）。二つ目は、（事例②の文）。三つ目は、（事例③の文）。

＜現状を説明する表現の例＞

- 近年／最近、〜　　・現状では、〜　　・一般的には、〜

＜文末表現の例＞

- （普通体）かもしれません。
- （普通体／名詞・ナ形容詞＋な）のではないでしょうか。

【ミニスピーチの構成：「詳しい説明」の例】

意見	旅行に行くなら、**私は、一人で行くほうがいい**と思います。
理由	**なぜなら**、一人のほうが気楽だし、行くところや食べるものを自分で決められる**からです**。
詳しい説明	例1） **まず**、誰かと一緒に旅行に行くと、一人で静かにしていたいときでも相手と話をしなければいけないし、相手がトイレに行くときには待たなければいけないので、気を遣ってストレスがたまります。その点、一人だととても気楽です。**また**、相手と行きたいところや食べたいものが違った場合、けんかになるし、自分のやりたいことを諦めなければならない**かもしれません**。せっかくお金を出して旅行に行くのだから、行くところや食べるものは自分の希望のとおりにしたほうが楽しめます。 例2） **まず**、一人なら、限られた時間と予算をどう使うか、すべて自分で決めることができるので、自分の行きたいところへ行って、見たいものを見て、食べたいものを食べることができます。**また**、旅行の一番の楽しみは、リラックスして自由に楽しむことだと思います。最近では、このような理由で一人旅を楽しむ若い人が増えています。誰かと一緒だと、お互いに気を遣って行動を合わせなければなりませんから、お互いにストレスを感じて、せっかくの旅行が楽しくなくなる**のではないでしょうか**。
まとめ	**だから**、旅行に行くなら、一人で行くほうがいい**と思います**。

やってみよう2

（1）【「詳しい説明」の例】を、声に出して読んでみましょう。

（2）「日本で観光案内するなら、どこがいいか」というテーマで、ミニスピーチをしてみましょう。 意見 → 理由 → 詳しい説明 → まとめ（意見の再提示） の構成にしてください。

意見	日本で観光案内するなら、**私は、**＿＿＿＿＿＿**がいいと思います。**
理由	**なぜなら、**＿＿＿＿＿＿＿＿＿＿＿＿＿＿＿＿＿＿＿＿**し、** ＿＿＿＿＿＿＿＿＿＿＿＿＿＿＿＿＿＿＿＿**からです。**
詳しい説明	**まず、**＿＿＿＿＿＿＿＿＿＿＿＿＿＿＿＿＿＿＿＿ ＿＿＿＿＿＿＿＿＿＿＿＿＿＿＿＿＿＿＿＿。 **また、**＿＿＿＿＿＿＿＿＿＿＿＿＿＿＿＿＿＿＿＿ ＿＿＿＿＿＿＿＿＿＿＿＿＿＿＿＿＿＿＿＿。
まとめ	**だから、日本で観光案内するなら、**＿＿＿＿＿＿**がいいと思います。**

（3）ほかの人のミニスピーチを聞いて、メモを取りましょう。聞くときは、あいづち、アイコンタクト、表情・態度に注意しましょう。

MEMO

ほかの人のミニスピーチを聞いて、印象に残った意見や理由を書いておきましょう。
（このメモは、 やってみよう 4、5、6で質問／同意／反論の練習をするときにも使います。）

活動3　前提条件と意見

どのような前提条件（参照：p.92）を設定するかによって、意見は異なってきます。例えば、「旅行に行くなら、一人で行くか誰かと行くか」というテーマについて話し合うとき、前提条件が変わると、意見がどのように変わるかを見てみましょう。

≪前提条件の例≫
[前提条件①] 旅先…国内／海外
[前提条件②] 予算…1万円まで／3万円まで／5万円まで／10万円まで／20万円まで
[前提条件③] 日数…日帰り／1泊2日／3泊4日／1週間／1ヵ月

例）〔前提条件〕旅先：国内、予算：1万円まで、日数：日帰り

論点	一人で旅行する		誰かと旅行する	
	メリット	デメリット	メリット	デメリット
旅費		✖宿泊費が高くなる ・移動費はすべて自己負担	✖宿泊費が安くなる ・移動費が割り勘できる	
自由度	・自分の好きな観光地（お店）のみに行ける	・喜びや発見を共有する人がいない		・興味がない観光地（お店）に行かなければならない ▲気を遣う
協力	・知らない人に助けてもらうことで、新たな交流が生まれる	・荷物が多くても、全部一人で持たなければいけない	▲入らなくなった荷物（お土産）をその人のカバンに入れてもらえる	・知らない人と交流することが難しい

例）で設定されている前提条件は、「国内／1万円まで／日帰り」です。この場合、「宿泊費」に関するメリット・デメリットをあげることはできませんので、✖がついています。また、「入らなくなった荷物（お土産）を友だちのカバンに入れてもらえる」という意見も▲がついています。なぜなら、日帰りという短時間の旅行で、誰かの助けが必要なほど荷物が増えるとは考えにくいからです。さらに、「気を遣う」というのは、日帰りならデメリットとまでは思わない人もいるでしょうから、▲がついています。

やってみよう3

例）と同じテーマ「旅行に行くなら、一人で行くか誰かと行くか」で、次のように前提条件を設定した場合、どのように意見が変化するか確認しましょう。

▶ 〔前提条件〕旅先：国内、予算：10万円、日数：3泊4日

この前提条件のとき、下の表の中で、やや適切でないと思う意見に▲、不適切だと思う意見に✖をつけてください。新しい意見も加わっています。▲✖をつけおわったら、次のページの＜解説＞を読んで、参考にしてください。

論点	一人で旅行する メリット	一人で旅行する デメリット	誰かと旅行する メリット	誰かと旅行する デメリット
旅費		・宿泊費が高くなる ・移動費はすべて自己負担	・宿泊費が安くなる ・移動費が割り勘できる	
自由度	・自分の好きな観光地（お店）のみに行ける	・喜びや発見を共有する人がいない		・興味がない観光地（お店）に行かなければならない ・気を遣う ・素の自分を見られてしまう
協力	・知らない人に助けてもらうことで、新たな交流が生まれる	・荷物が多くても、全部一人で持たなければいけない	・入らなくなった荷物（お土産）をその人のカバンに入れてもらえる	・知らない人と交流することが難しい

〈解説〉

　前提条件は、「国内／10万円まで／3泊4日」です。この場合は宿泊をともなう旅行ですから、宿泊費に関する意見は適切と言えます。また、前提条件が「日帰り」では▲だった「気を遣う」という意見は、「3泊4日」になれば適切となるでしょう。さらに、旅行の日数が4日間あれば、さまざまな人たちと触れ合う機会も多くなると考えられるので、「知らない人と交流することが難しい」という意見は▲になるでしょう。そして、宿泊するということは、朝起きてから夜寝るまで、プライベートな時間を一緒に過ごすわけですから、デメリットとして、「素の自分を見られてしまう」という新しい意見を出すこともできます。このように検討していくと、少なくとも表に書いてある意見の中では、不適切な意見（✖がつくもの）は"特にない"ということになります。

　このように、「前提条件」が変われば出される意見も変化します。異なる前提条件を設定することで、新しい意見が出てくるのはもちろん、先ほどは適切だった意見が新しい条件では不適切になるということも起こります。

活動 4　質問する

ディスカッションでほかの人の意見を聞いたときには、その意見に対して、何かしらの反応を示すことが必要です。例えば、あいづちやアイコンタクト、表情・動作で、「あなたの話を聞いています」ということを示します（参照：p.81）。

しかし、ディスカッションを進めていくためには、「あなたの話を聞いています」というだけでは不十分です。その意見をよく理解するために質問をすることや、その意見に同意すること、あるいはその意見に反論することが求められます。活動 4　活動 5　活動 6 では、意見に対して質問する／同意する／反論する方法を学びましょう。

質問するときの言い方

相手の意見に質問するときは、「**質問の前置き**」の表現を使って、質問があるということを伝えるといいでしょう。また、「**相手の発言を引用する**」と、誰のどの発言に対して質問をするのか、聞いている人にもわかりやすくなります。質問の種類は、大きく分けて、【**詳しい説明を求める**】【**具体例を求める**】【**言い換えて確認する**】の三つです。それぞれでよく使われる表現は次のとおりです。

＜質問の前置き＞

❖　ちょっと質問があります。（質問）。

　　ちょっとお聞きしてもいいですか。（質問）。

❖　すみません、ちょっと質問なんですが、～（質問）。

　　すみません、ちょっとお聞きしたいんですが、（質問）。

＜相手の発言の引用＞

【直前の発言を引用する】

❖　今、＿＿宿泊費が高くなる＿＿とおっしゃいましたが、～

【二つ以上前の発言を引用する】

❖　さっき、＿＿移動費が割り勘できる＿＿とおっしゃいましたが、～

<質問の種類>

【さらに詳しく説明を求める】
- ♣　__喜びや発見を共有する__　とはどういうことか、詳しく教えてくれませんか。

【具体例を求める】
- ♣　__気を遣う__　とは、例えばどういうことですか。

【言い換えて確認する】
- ♣　__知らない人__　とは、__旅行先で会った人__　ということですか。

※ほかにも表現があります。巻末資料4（7）（12）を参照してください。

> ディスカッションでの質問とは、相手の「意見」をよく理解するためにするものです。相手のことをよく理解することが目的ではないので、「○○さんは何が好きですか」「○○さんの国ではどうですか」など、相手の個人的な気持ちや感想、経験は質問しません。

例）いい質問／よくない質問

- ○：今、宿泊費が高くなるとおっしゃいましたが、例えばどんなところに泊まることを想定していますか。　〔詳しい説明を求める〕
- ×：今、宿泊費が高くなるとおっしゃいましたが、○○さんは高いホテルに泊まったことがありますか。　〔個人的な経験を聞く〕
- ○：さっき、移動費が割り勘できるとおっしゃいましたが、割り勘できるというのは、それぞれが自分の移動にかかるお金を払うということですか。　〔言い換えて確認する〕
- ×：さっき、移動費が割り勘できるとおっしゃいましたが、一緒に旅行するなら、割り勘しないで全部払ってくれる人のほうがいいと思いませんか。　〔個人的な感想を聞く〕

やってみよう4

「やってみよう2」で聞いたミニスピーチ（テーマ：日本で観光案内するなら、どこがいいか）について、印象に残った意見と理由を三つ書きましょう。そして、その意見について、いい質問を考えましょう。

意見1：日本で観光案内するなら＿＿＿＿＿がいい

理由1：＿＿＿＿＿＿＿＿＿＿＿＿＿＿＿＿＿＿＿＿から

質問

意見2：日本で観光案内するなら＿＿＿＿＿がいい

理由2：＿＿＿＿＿＿＿＿＿＿＿＿＿＿＿＿＿＿＿＿から

質問

意見3：日本で観光案内するなら＿＿＿＿＿がいい

理由3：＿＿＿＿＿＿＿＿＿＿＿＿＿＿＿＿＿＿＿＿から

質問

活動 5　同意する

　相手の意見に同意したいときは、話を聞きながらうなずいたり、「うんうん」「ああ〜」と言ったりしながら**あいづちをする**ことで、簡単に同意の気持ちを伝えることができます。また、相手が意見を言いおわったあとに、「そうですね」「なるほど」「確かに」のような**一言の発話をする**だけでも同意を表明することができます。相手の意見の全部ではなく一部だけに同意したい場合は、**その部分だけを取り上げて**同意を表明します。さらに、**追加で別の例をあげ**たり、**相手の意見の重要な部分を言い換えたりまとめたり**することで、ディスカッションをさらに深めることができます。

＜同意の表明＞

【あいづちを打つ】

* うんうん。　　* ああ〜。　　* そうそう。

【相手と同じ意見を持っていることを伝える】

* そうですね。　　* 本当にそうですよね。　　* 私もそう思います。
* 私もその考えに賛成です。

【相手の意見に納得したことを伝える】

* おっしゃる通りだと思います。
* ＿＿＿移動費が割り勘できる＿＿＿というのは、その通りだと思います。
* なるほど。
* 確かに。

【部分的に同意する】

* ＿＿＿相手に気を遣う＿＿＿という点では、私も賛成です。

＜同意の表明から、話を発展させる＞

【別の例をあげて、意見を補強する】

* そうですよね。＿＿食事＿＿の場合も、同じだと思います。
* ＿＿食べるものを決める＿＿場合も、同じことが言えますね。
* ＿＿食事＿＿の場合も、＿＿興味がないお店に行かなければならなくなる＿＿と思います。

❖ ___食べるものを決める___ 場合も、___興味がないお店に行かなければならなくなります___ ね。

【相手の発言の重要な部分を言い換えたりまとめたりして、再提示する】
❖ 確かに、___宿泊費が高くなります___ ね。
❖ 私も、___喜びや発見を共有できる人がいること___ が大切だと思います。

※ほかにも表現があります。巻末資料4（2）を参照してください。

> 同意するときは、相手の意見に説得力があるということ（客観的理由）を根拠にすることが大切です。「私もしたことがあります」「私も好きだからです」など、個人的な経験や感想（主観的理由）で同意するのは、適切ではありません。

例）いい同意／よくない同意

○：移動費が割り勘できるというのは、その通りだと思います。車で一人旅をするとガソリン代は一人で払う必要がありますが、三人で行けば、ガソリン代を三人で割り勘できるので、3分の1になりますね。〔客観的な根拠に基づいて同意する〕

×：移動費が割り勘できるというのは、その通りだと思います。私も去年和歌山に行ったとき、友だちと三人で車で行ったので、ガソリン代が3分の1になりました。〔個人的な経験を根拠にする〕

×：確かに、知らない人と交流するのは難しいですね。私は人見知りで、知らない人に声をかけることはほとんどしませんから。〔個人的な考え方を根拠にする〕

やってみよう 5

「やってみよう 2」で聞いたミニスピーチ（テーマ：日本で観光案内するなら、どこがいいか）について、説得力がある意見・理由を選び、同意をしてみましょう。

```
≪説得力がある意見・理由≫

意見1：日本で観光案内するなら＿＿＿＿＿＿がいい

理由1：＿＿＿＿＿＿＿＿＿＿＿＿＿＿＿＿＿＿から

同意



意見2：日本で観光案内するなら＿＿＿＿＿＿がいい

理由2：＿＿＿＿＿＿＿＿＿＿＿＿＿＿＿＿＿＿から

同意
```

活動6　反論する

　相手の意見に同意できないときは、話を聞きながら「うーん」「ええ〜」とあいづちをすることで、簡単に同意しない気持ちを伝えることができます。また、相手が意見を言いおわったあとに、「そうでしょうか…」のような一言の発話をすることでも、相手の意見に対する不同意を示すことができます。ただ、同意しないことを伝えるだけでは、ディスカッションを深めることはできません。

　ディスカッションで反論するのは、ほかの人が言った意見に当てはまらない例外をあげたり、矛盾を指摘したりして、**議論を発展させることが目的**です。相手と対峙して打ち負かすことが目的ではないので、落ち着いて丁寧に発話することを心がけてください。質問や同意のときと同じように、**反論する前に前置きの発言をしたり、相手の発言を引用したりすると、落ち着いた話し方**になります。

　話し合っているときに、論点がずれたり、水かけ論になってしまったりすることがあります。そのときは、お互いに**そのことを指摘して、軌道修正する**ようにしましょう。

＜**不同意の表明**＞

【あいづちを打つ】

- うーん。
- ええ〜。

【相手の意見に同意していないことを伝える】

- そうでしょうか…。
- そうでしょうかねえ…。
- それはどうでしょうか…。

【相手と違う意見を持っていることを伝える】

- 私の意見は少し異なるんですが、〜
- 私は、そうは思わないんですが、〜

【相手の意見を否定する】

- それは、ちょっと難しいんじゃないでしょうか。
- （直接的で強い言い方）それは違うと思います。／それには反対です。

<相手の発言の引用>

【直前の発言を引用する】
- 今、　宿泊費が高くなる　とおっしゃいましたが、〜

【二つ以上前の発言を引用する】
- さっき、　移動費が割り勘できる　とおっしゃいましたが、〜

<反論の種類>

【例外をあげて、反論する】
- 必ずしもそうとは言えないのではないでしょうか。
- 必ずしもそうとは言えないと思います。
- 　電車の　場合には当てはまらないと思います。
- 　電車で行く　場合には当てはまらないのではないでしょうか。
- 　電車　の場合は　一人でも誰かと一緒でも移動費は変わらない　{ と思います／のではないでしょうか }。

【相手の発言に矛盾や齟齬があることを指摘する】
- 　誰かと旅行する　からといって、　知らない人と交流するのが難しい　とはかぎらない { と思います／のではないでしょうか }。
- その話は、論点からずれている { と思います／のではないでしょうか }。
- そう言ってしまうと、水かけ論になると思います。

※ほかにも表現があります。巻末資料4（3）を参照してください。

> テーマや前提条件と関係のない内容の反論をしたり、個人的な経験や感想を理由にして反論したりしないようにしましょう。相手の人格を否定するような発言は、絶対にしてはいけません。

例) いい反論／よくない反論

○：さっき、移動費が割り勘できるとおっしゃいましたが、必ずしもそうとは言えないと思います。例えば、電車で移動するなら、一人で行っても誰かと一緒に行っても、交通費は変わりませんよね。〔相手の意見に対する論理的な反論〕

×：さっき、移動費が割り勘できるとおっしゃいましたが、何でも割り勘にするというのは

賛成できません。私の国では、今回は一人が全部払って、次回に別の人が全部払うというやり方が一般的だし、私はそれがいいと思います。

〔個人的な経験と感想を理由にする〕

○：今、誰かと一緒だと気を遣うとおっしゃいましたが、一緒に行く相手が家族や恋人の場合には当てはまらないのではないでしょうか。誰かと一緒だからといって、気を遣うとはかぎらないと思います。

〔相手の意見に対する論理的な反論〕

×：今、誰かと一緒だと気を遣うとおっしゃいましたが、もし友だちと一緒だと気を遣うのなら、家族や恋人など、あなたが気を遣わない人と一緒に行けばいいと思います。気を遣うから誰かと一緒は嫌だというのは、わがままなのではないでしょうか。

〔相手の価値観や人格を否定する〕

やってみよう6

活動2 「やってみよう2」で聞いたミニスピーチ（テーマ：日本で観光案内するなら、どこがいいか）について、説得力がない意見・理由を選び、反論をしてみましょう。

≪説得力がない意見・理由≫

意見1：日本で観光案内するなら＿＿＿＿＿＿がいい

理由1：＿＿＿＿＿＿＿＿＿＿＿＿＿＿＿＿＿＿＿＿から

反論

意見2：日本で観光案内するなら＿＿＿＿＿＿がいい

理由2：＿＿＿＿＿＿＿＿＿＿＿＿＿＿＿＿＿＿＿＿から

反論

技術 3 / 結論を出す

活動 1 話し合いで出た意見を確認する

　ディスカッションにとって、「結論を出す」ことは最も重要な目的の一つです。そして、ディスカッションの結論を出すときは、話し合いで出た意見（アイディア）をきちんと確認することが大切です。ここでは選択型（A）のディスカッションのシナリオを見て、話し合いでどのような意見が出たかを確認していきましょう。

ディスカッション【例1】選択型（A）

　まず、「①話し合う」部分のシナリオを見てみましょう。このディスカッションでは、Aさんがリーダー、Bさんがタイムキーパー、Cさんが報告者、Dさんが書記の役割です。

やってみよう1-1

一人ずつA、B、C、Dさんを担当して、ディスカッション【例1】の「①話し合う」シナリオを声に出して読んでみましょう。

「①話し合う」

発言者	発言内容
Aさん	今回のディスカッションのテーマは「旅行に行くなら、一人か誰かと行くか」ですね。まず、前提条件を確認します。今回の前提条件は、「国内の日帰り旅行で、予算は1万円まで」です。では、はじめましょう。 どちらのほうがいいでしょうか。何か意見がありますか。
Bさん	そうですね。私は、誰かと一緒に旅行するほうがいいと思います。一緒に行く相手がいれば、交通費が割り勘できるからです。
Cさん	うーん、そうでしょうか。移動手段は、もとからそれぞれで交通費を払うものが多いような気がします。
Aさん	BさんとCさんの意見は、「旅費」についての意見ですね。えっと、今Cさんがおっしゃったことは、どういうことですか。例えばどういうものを想定していますか。

Cさん	例えば電車は、一人ずつ運賃を払いますよね。バスもそうです。だから、一人で行っても誰かと行っても、払う旅費は同じです。
Dさん	確かに、電車やバスの場合はそうかもしれませんが、車だったら、ガソリン代や高速道路代を割り勘できますよ。一人より二人、三人のほうがいいと思います。
Cさん	いえ、車で旅行に行くのは、運転手の負担が大きいですよ。長時間運転は事故の危険もありますし、電車で行くほうが絶対に楽なので、電車で行くほうがいいと思います。
Aさん	ちょっと論点がずれてきたようです。今のCさんの意見は、「旅費」という論点とは違うようですね。いったん今のやり取りはやめて、ほかに何か意見はありませんか。
Cさん	あ、じゃあ、別の意見を言います。私は、自分の行きたいところに自由に行けるので一人で旅行するほうがいいと思っています。
Dさん	それは、新しい論点ですね。論点は「自由度」でしょうか。
Aさん	そうですね。次はこの論点で話してみましょう。
Bさん	Cさんが今おっしゃったように、一人だったら自分の好きなところに行けるというのはもっともなご意見ですが、誰かと一緒でも、好きなところに行くのは可能じゃありませんか。
Cさん	それはそうですね。ただ、相手が疲れたりすると、行きたかったところに行けなくなるということはありそうです。Aさんは、どう思いますか。
Aさん	そうですね。それに、何を食べるか、いつ食べるか、どこで食べるかを考えるときに、相手と希望が合わないことはよくあると思います。好きな食べ物や食べる量は、人によってけっこう違いますからね。
Bさん	それは、確かにそうですね。
Aさん	Dさんは、「自由度」について、何か意見がありますか。
Dさん	いえ、Cさんの意見に納得しました。私が考えたのは、一人で旅行する場合、荷物が多くても全部一人で持たなければいけないのが大変だということです。誰かと一緒なら、お互いに協力して荷物を持つことができます。
Aさん	それは、新しい論点ですね。「協力」という論点で、考えてみましょうか。ただ、今回は国内の日帰り旅行という条件なので、一人でもそこまで荷物の量は多くないような気がしています。
Cさん	私もそう思います。それに、もし誰かと旅行する場合でも、自分の荷物は自分で持つのが普通じゃないですか。
Dさん	それはそうなんですけど、例えば、キャンプみたいに、みんなで使う荷物が多い場合もあるじゃないですか。キャンプだったら、日帰りでも荷物は多くなるし、誰かと一緒だと分担して持っていけるので、助かるかもしれません。

Bさん	うんうん。キャンプは、人数が多いほうが楽しいですしね。あれ、えっと、キャンプは、「国内の日帰り旅行」に入りますか。
Cさん	旅行という言い方はしないけど、遠い場所に出かけるから、旅行と同じと考えていいんじゃないでしょうか。
Dさん	私もそう思います。
Aさん	では、キャンプも前提条件を満たすと考えましょう。
Cさん	はい。あ、そういえば、最近のキャンプは自分で荷物を持っていかなくても、全部用意してくれることが多いですよ。荷物のことは、そんなに気にしなくてもいいんじゃないですか。
Dさん	ああ、確かにそうですね。Cさんの意見はもっともです。
Bさん	残り時間が少なくなってきました。そろそろ結論を考えたほうがいいと思います。
Aさん	では、いったんここでやめて、結論を考えてみましょうか。Dさん、記録を見せてもらえますか。
Dさん	はい。今までに出た意見は、こんな感じです。

🗨 やってみよう1-2

ディスカッション【例1】の「①話し合う」について、次の点を確認しましょう。

・テーマは何ですか。
・前提条件は何ですか。
・論点はいくつ出ましたか。また、論点は何ですか。
・どのような意見が出ましたか。

活動 2　結論を出す

書記のDさんは、ディスカッションに参加しながら、ここまでのディスカッションの内容を記録しました。Dさんの記録を見てみましょう。

【ディスカッションの記録】

条件 旅先：国内、予算：1万円まで、日数：日帰り

論点＼選択肢	一人で旅行する	誰かと旅行する
①旅費	(2) 移動手段には、それぞれで交通費を払うものが多い。 Q：例えば？ A：電車やバスなど	(1) 相手がいると、交通費が割り勘できる。
	(4) 車で行くより電車のほうが楽だから、電車で行くほうがいい。	(3) 車で行くとしたら、ガソリン代が割り勘できるのでいい。
②自由度	(1) 自分の好きな観光地に行ける。	(2) 誰かと一緒でも、好きなところに行くのは可能だ。
	(3) 相手が疲れると、行きたかったところに行けなくなる。	
	(4) 食事の希望が合わないことはよくある。	
③協力	(2) 日帰り旅行なら、荷物もそんなに多くない。	(1) 一人の場合、荷物が多くても全部一人で持たなければいけない。
	(3) 誰かと旅行する場合でも、自分の荷物は自分で持つのが普通だ。	
	(5) 最近のキャンプは自分で荷物を持っていかなくてもいいところが多いから、気にしなくてもよい。	(4) 例えばキャンプだったら、日帰りでも荷物は多くなるし、必要なものを分担して持っていくことができる。

> **ポイント！**
> 「選択型（A）」のディスカッションを記録するときは、論点を縦軸、選択肢を横軸にして、表の形で整理していくとわかりやすいです。

p.123のディスカッションの記録を見て、グループでの結論を出します。結論を出すやり取りの例を見る前に、結論の出し方を勉強しましょう。

(1) 結論の出し方

結論を出す前に、書記の記録を参考にして、話し合いの流れを確認・整理します。結論を出すときに大切なことは、グループのメンバー全員の**合意を形成する**ことです。合意を形成するというのは、「全員が結論に納得する」ということです。リーダーが勝手に結論を決めたり、誰かが納得しないままディスカッションが終わったりしてはいけません。結論を出すときにも、全員が参加し、話し合う、一種の「ディスカッション」は続いているのです。

結論を出すときは、次の四つのステップを一つずつ進めていきます。

【1】説得力がある意見を選ぶ
【2】説得力以外の観点から「いい意見」を選ぶ
【3】結論とその理由を決める
【4】結論の適切さを確認する

【1】説得力がある意見を選ぶ

まずは、ディスカッションで出た意見の中で、説得力がある意見はどれだったかを選びます。説得力があると思った意見に、〇をつけていきましょう。一つだけ選ぶのではなく、説得力があるものをすべて選びましょう。例えば、論点②「自由度」では、「一人で旅行する」の意見(1)(3)(4)、論点③「協力」では、「一人で旅行する」の意見(2)(3)に説得力がありそうです。一方で、論点①「旅費」の意見(4)は、旅費ではなくて、交通機関の話になっていますので、論点がずれています。このような意見は、説得力があるとは言えません。

【2】説得力以外の観点から「いい意見」を選ぶ

説得力があるかどうかだけでなく、ほかの観点からも、いい意見を選びましょう。ディスカッションの中で、おもしろいと思った意見、新しいと思った意見、重要性を感じる意見、深く考えさせられる意見、強く共感できる意見があったら、✔をつけていきましょう。例えば、論点③「協力」の(4)(5)の意見は、キャンプという具体例をあげていて、ディスカッションの成果として重要だと言えるでしょう。

【3】結論とその理由を決める

【1】【2】を踏まえて、今回のディスカッションの結論を出します。結論は、グループでディスカッションをして決めた意見なので、必ず理由を一緒に説明します（参照：p.103）。

まず、結論を決めます。基本的に、結論は「一人で旅行するほうがいい」か、「誰かと旅行するほうがいい」のどちらかです。説得力がある意見（〇をつけた意見）、それ以外のいい意見（✓をつけた意見）を見て、どちらにするかを決めます。説得力がある意見（〇と✓をつけた意見）が多いほうを結論にすると、全員が納得して合意を形成しやすくなります。今回、説得力のある意見が多く出たのは、「一人で旅行する」ほうだと考えられます。結論は、「一人で旅行するほうがいい」とするのがよさそうです。

結論を「一人で旅行する」に決めたら、次に、その理由を検討しましょう。ディスカッションの中で出た意見を、理由として使います。〇をつけた意見のうち、特に説得力が高いと思ったものを一つか二つ、理由として使いましょう。今回は、理由に、論点②「自由度」の意見 (1)「自分の好きな観光地に行ける」を使ってみます。

今回のディスカッションでは、理由として使った「自分の好きな観光地に行ける」以外にも、たくさんのいい意見がありました。これは、結論を詳しく報告するときに、使うことにします。

【4】結論の適切さを確認する

最後に、決めた結論と理由が適切かどうかを確認します。確認するポイントは次の2点です。

・結論となる意見とその理由が合っているかを確認する
・結論と理由が、テーマと合っているかを確認する

では、「②結論を出す」部分のやり取りを見てみましょう。

やってみよう2

一人ずつA、B、C、Dさんを担当して、次のページの「②結論を出す」のシナリオを声に出して読んでみましょう。そして、やり取りの内容に沿って、p.123のディスカッションの記録に〇や✓をつけましょう。

「②結論を出す」

発言者	発言内容
Aさん	説得力がある意見はありますか。一つ目の論点「旅費」はどうでしょう。
Bさん	うーん。旅費については、論点がずれてしまっていますね。
Cさん	そうですね。私の意見は、旅費と関係がなかったです。
Aさん	二つ目の論点「自由度」はどうですか。
Dさん	一人だと自分の好きなところに行けるけど、誰かと一緒だとそれが難しいというのに納得しました。
Bさん	私もです。私は最初、誰かと一緒でもいいと思っていましたが、CさんやAさんの話を聞いて、一人のほうがいいかもと思いました。
Aさん	自由度の点で言えば、一人で旅行するほうがいいという意見に説得力がありますね。三つ目の論点「協力」についてはどうでしょうか。
Cさん	協力の論点では、私はAさんの意見に納得しました。日帰り旅行なら荷物のことはあまり気にしなくてもいいですよね。
Bさん	Cさんが言った「自分の荷物は自分で持つのが普通」というのも、その通りだと思いました。
Aさん	私は、Dさんの意見がおもしろいと思いました。日帰り旅行って、私はなんとなく温泉とかをイメージしていて、キャンプのことは考えていなかったからです。キャンプの場合は荷物が多いというのは、確かにそうだと思いました。
Dさん	Cさんが言うように、今は荷物が不要なキャンプもありますけど、荷物が多い場合もあるということを、結論に入れてもらえるとうれしいです。
Cさん	そうですね。重要な指摘だと思うので、結論に入れましょう。
Aさん	全体的に見ると、「一人で旅行する」意見のほうに説得力がありそうです。理由はどうしますか。
Dさん	「自分の好きな観光地に行ける」というのを理由にするとよさそうですが、皆さん、どう思いますか。
Bさん	賛成です。
Cさん	いいと思います。
Aさん	では、今回のディスカッションは「旅行に行くなら、一人で行くほうがいい」を結論にしましょう。理由は、「自分の好きな観光地に行けるから」です。では、報告するために、もう少し詳しく結論の説明を考えましょう。

活動 3　結論を報告する

　結論を出したら、その結論を報告します。結論を報告するときは、結論（意見）と理由だけではなく、ディスカッションで出た、いい意見を使って詳しく説明しましょう。そうすると、結論を聞いている人に、ディスカッションの内容がよく伝わります。
　まず、結論を報告するときの構成を確認してから、やり取りの例を見てみましょう。

結論の報告
　結論を報告するときの構成は、意見と理由を詳しく説明するときの構成（参照：p.105）と同じです。

　　　　　結論（意見）　→　　理由　　→　　詳しい説明　　→　　まとめ

　先ほどのディスカッションで、結論（意見）は、「旅行に行くなら、一人で行くほうがいい」に決めました。そして、その理由として報告するのは「自分の行きたいところに自由に行けるから」としました。結論を報告するときは、それに加えて、詳しい説明を考えます。
　詳しい説明には、ディスカッションで出た、いい意見を使います。まず、理由である「自分の好きな観光地に行ける」に関連する説明として、論点②「自由度」の意見 (3)(4) を使います。それから、論点③「協力」にもいい意見が多かったので、こちらの意見も使ってみましょう。ここでは、論点③「協力」の (2)(3) を説明するために、論点③「協力」の (1) もあわせて話すことにします。そうすることで、(1) の反論として (2)(3) を紹介することができます。これは、譲歩・反論のテクニックです。それに加えて、✔をつけた論点③「協力」の意見 (4)(5) も、詳しい説明に入れて説明しましょう。

やってみよう3

Cさんのつもりで、下の「③結論を報告する」シナリオを声に出して読んでみましょう。クラス全体に対して話すので、顔を上げて、大きい声で話しましょう。

「③結論を報告する」

発言者	発言内容
先生	では、結論の報告をお願いします。
Cさん	はい。 **前提条件** 私たちのグループは、「国内の日帰り旅行で、予算は1万円まで」という前提条件でディスカッションを行いました。 **結論(意見)** その結果、旅行に行くなら、一人で行くほうがいいという結論に至りました。 **理由** なぜなら、一人だと自分の行きたいところに自由に行けるからです。 **詳しい説明① 論点「自由」** まず、誰かと一緒だと、相手が疲れたりして、行きたいところに行けなくなることがあるかもしれません。 また、人の好みはそれぞれなので、何を、いつ、どこで食べるかということも、相手と希望が合わないことが多いと思います。 **詳しい説明② 「協力」** 「協力」という論点について、一人で旅行すると、荷物が多くても全部一人で持たなければいけないという意見もありましたが、今回は日帰り旅行なので、荷物はそれほど多くならないだろうと考えました。自分の荷物は自分で持つのが普通だという意見も出ました。 これについて、キャンプの場合だと、日帰りでも荷物は多くなるという意見も出ました。荷物が不要のキャンプも増えているので、あまり気にしなくてもよいと考えましたが、皆さんに共有したいと思います。 **まとめ** 以上から、旅行に行くなら、一人で行くほうがいいと考えます。

活動 4 シナリオを読んで、結論を出す：選択型（A）

　ここまでで、ディスカッションの流れや結論の出し方が理解できたでしょうか。では、ほかのディスカッションのシナリオを読んで、結論を出す体験をしてみましょう。

　選択型（A）のディスカッションの例を、もう一つ紹介します。先に紹介した【例1】のディスカッションと、次に紹介する【例2】とでは、前提条件が違っていて、話し合いの内容も変わっているため、結論も違ったものになっています。Aさん、Bさん、Cさん、Dさんの役割は、先ほどの【例1】と同じです。

やってみよう 4-1

一人ずつA、B、C、Dさんを担当して、ディスカッション【例2】選択型（A）「①話し合う」のシナリオを声に出して読んでみましょう。

ディスカッション【例2】選択型（A）

「①話し合う」

発言者	発言内容
Aさん	今回のディスカッションのテーマは「旅行に行くなら、一人か誰かと行くか」です。まず、前提条件を確認します。今回の前提条件は、「3泊4日の国内旅行で、予算10万円」です。では、はじめましょう。 まず、どんな論点で話し合いましょうか。
Bさん	「旅費」を論点にしたいです。3泊することを考えると、旅費の中でも特に宿泊費にお金がかかると思います。一人で泊まるより二人、三人で泊まるほうが一人あたりの値段は安くなるので、誰かと旅行するほうがいいと思います。
Cさん	うーん、どうでしょうか。予算は10万円もありますし、そこまで宿泊費を気にする必要はないんじゃないでしょうか。
Bさん	それはそうなんですが、宿泊費を抑えることができたら、その分のお金でちょっといい食事をしたり、お土産を多く買ったりできますよね。そう考えると、宿泊費ができるだけ安くなるように気にすることも大事だと思います。
Dさん	あー。その点に関しては、私も同意見です。
Cさん	確かに、それは言えますね。
Aさん	私も異論はありません。それでは、別の論点でも考えてみましょうか。

Cさん	自由に自分の好きな観光地に行けるので、私は一人で旅行に行くほうがいいと思っています。「自由度」という点について、皆さんはどうお考えでしょうか。
Dさん	今回は、3泊4日の旅行を想定していますよね。3泊4日もあれば、誰かと一緒に旅行をしても、好きな観光地を回る時間は十分にあるように思うんですが。
Cさん	それでも自分の行きたいところに行くためには、相手と相談して決める必要がありますよね。自分だけで決めればいい一人の旅行と比べたら、相手に気を遣いますよ。
Dさん	それは一理ありますね。Aさんはどう思いますか。
Aさん	そうですね。それに、3泊4日ずっと一緒に過ごすと、疲れたり、イライラしたりすることもあると思うんです。そうした素の自分を見られてしまうことにも、ちょっと恥ずかしさを感じます。その意味でも、やっぱり一人のほうが気を遣わずに自由に動けるでしょうね。
Bさん	その気持ち、わかります。旅行中にけんかになる話ってよく聞きますしね。
Aさん	そうは言うものの、Dさんが言うように、今回の旅行は3泊4日あるので、誰かと一緒でも自由な時間を持つことは可能じゃないかとも思います。
Bさん	それはそうですね。それに、一人だと、やっぱり寂しい気はします。たとえけんかになっても、一緒に旅行する相手がいると、楽しいじゃないですか。
Cさん	それはどうでしょうか。逆に、誰かと旅行していると、知らない人と交流することが難しいですよね。一人のほうが気軽にたくさんの人と交流できて寂しくないし楽しいと思います。
Aさん	それは、新しい論点ですね。「交流」という点について、考えましょうか。
Bさん	私はその考えには同意しかねます。旅行するときに、知らない人と交流なんて私は別に求めていません。旅行は、仲のいい友だちと一緒に行動するからこそ楽しいものだと思いますが…。
Cさん	いえいえ、現地の知らない人との交流こそが旅行の醍醐味でしょう。仲のいい友だちとは、旅行でなくても一緒に過ごせるし、交流もできるじゃないですか。ねえ、Dさん。
Dさん	私の意見は少し違って、旅行の醍醐味は、現地の食事と珍しい観光地を楽しむことだと思います。一人で食事はちょっと寂しいから、一緒に食べる相手がいるといいなあとは思いますけど。
Aさん	旅行の醍醐味が何かは、人によって結構違うみたいですね。これ以上話しても、水掛け論になりそうなので、このあたりでいったんやめませんか。
Bさん	そうですね。時間も残り3分になっていますし。
Dさん	じゃあ、今までの意見の記録を見てみてください。

【ディスカッションの記録】

条件　旅先：国内、予算：10万円、日数：3泊4日

論点	一人で旅行する	誰かと旅行する
①旅費	(2) 予算が10万円あるのだから、宿泊費を気にする必要はない。	(1) 誰かと一緒なら、宿泊費が安くなる。
		(3) 宿泊費が抑えられたら、その分のお金を食事やお土産に使えるので、気にするべきだ。
②自由度	(1) 自分の好きな観光地に行ける。	(2) 3泊4日もあるので、誰かと一緒でも十分好きな観光地を回ることができる。
	(3) 相手と相談して決める必要があるし、好きな観光地に行くのは相手に気を遣う。	
	(4) 素の自分を見られてしまうことにも、恥ずかしさを感じる。	
③交流	(1) 誰かと旅行していると、知らない人と交流することが難しい。	(2) 旅行するときに、知らない人との交流は別に求めていない。
	(3) 現地の知らない人との交流こそが旅行の醍醐味だ。	(4) 旅行の醍醐味は、現地の食事と珍しい観光地を楽しむことだ。

やってみよう 4-2

【例2】選択型（A）「①話し合う」のシナリオとディスカッションの記録をもとにして、このディスカッションの結論を出してみましょう。また、結論の報告もしてみましょう。

　妥当な結論を出すことができたでしょうか。以下に、「②結論を出す」と「③結論を報告する」のシナリオがありますので、参考にしてください。

やってみよう 4-3

一人ずつA、B、C、Dさんを担当して、ディスカッション【例2】「②結論を出す」「③結論を報告する」のシナリオを声に出して読んでみましょう。

「②結論を出す」

発言者	発言内容
Aさん	論点を一つずつ確認しましょうか。
Dさん	一つ目の「旅費」の論点では、宿泊費ができるだけ安くなるように誰かと旅行するほうがいいという意見に説得力がありましたね。
Cさん	そうですね。Bさんの意見に、全員納得していたと思います。
Aさん	「旅費」の論点では、「誰かと旅行する」ほうに説得力がありそうですね。
Bさん	はい。でも、次の「自由度」の論点では、一人で旅行するほうが自由だという話になりましたよね。
Dさん	ただ、3泊4日の旅行だということを考えると、誰かと一緒でもそれなりに自由度はありそうなので、説得力が弱いんじゃないでしょうか。
Bさん	それは言えますね。そうすると、「旅費」の論点のほうが、結論としてはいいですね。
Aさん	三つ目の論点「交流」はどうでしょうか。
Cさん	うーん。三つ目の論点は、うまくまとまりませんでしたね。
Dさん	私もそう思います。私とCさんの考えはちょっと違うようでした。
Bさん	私も、CさんやDさんとは考えが違いました。旅行の醍醐味は、人によってそれぞれだということがよくわかりました。
Cさん	結論にはなりませんが、そのことも重要だから、みんなに共有するのはどうでしょうか。
Bさん	いいですね。そうしましょう。
Aさん	じゃあ、今回のディスカッションは、「旅行に行くなら、誰かと一緒に行くほうがいい」ということを結論にします。ただ、「自由度」や「交流」の論点についても、少し触れることにしましょう。では、これでディスカッションを終わります。詳しい結論の説明を考えましょう。

「③結論を報告する」

発言者	発言内容
先生	では、結論の報告をお願いします。
Cさん	はい。 【前提条件】 私たちのグループは、「3泊4日の国内旅行で、予算は10万円」という前提条件でディスカッションを行いました。 【結論（意見）】 その結果、旅行に行くなら、誰かと行くのがいいという結論に至りました。 【理由】 なぜなら、誰かと一緒なら、その分宿泊費が安くなり、ほかのことにお金が使えるからです。 【詳しい説明①　論点「旅費」】 詳しく説明します。「旅費」について、誰かと一緒なら、宿泊費が安くなります。予算が10万円あるから気にしなくてもいいという意見もありましたが、宿泊費を抑えたら、その分食事やお土産にお金を使えると考えました。 【詳しい説明②　論点「自由度」】 別の論点では、「自由度」について、一人で旅行すると、自分の好きな観光地に行けるという意見がありました。ただ、今回は3泊4日という少し長い旅行なので、誰かと一緒でも、十分に自由な時間は確保できるのではないかという話になりました。 【詳しい説明③　論点「交流」】 また、「交流」という論点についても話しましたが、うまくまとまりませんでした。なぜかというと、旅行の醍醐味は何かという考えが、人によって違うということがわかったからです。 【まとめ】 以上から、旅行に行くなら、誰かと行くほうがいいと考えます。

活動 5　シナリオを読んで、ディスカッションを体験する：選択型(B)

　もう一つ、「選択型(B)」のディスカッションの例を見てみましょう。「日本で観光案内するなら、どこがいいか」というテーマでディスカッションをした場合、どのようなディスカッションになるでしょうか。ディスカッション【例3】選択型(B)「①話し合う」「②結論を出す」「③結論を報告する」を見てみましょう。Aさん、Bさん、Cさん、Dさんの役割は、先ほどの【例1】【例2】と同じです。

やってみよう 5

　一人ずつA、B、C、Dさんを担当して、ディスカッション【例3】選択型(B)「①話し合う」「②結論を出す」「③結論を報告する」のシナリオを声に出して読んでみましょう。

ディスカッション【例3】選択型(B)
「①話し合う」

発言者	発言内容
Aさん	今回のディスカッションのテーマは「日本で観光案内するなら、どこがいいか」です。前提条件は「出発地は神戸駅、予算は2万円以内、案内する相手は両親」です。ではまず、このテーマでどんな論点があるか考えてみましょう。
Bさん	「交通が便利」という論点はどうですか。両親を案内するなら、安くて近いところがいいと思います。
Cさん	確かにそうですね。観光案内するとき、「交通が便利」というのは大切なポイントですね。私は「おいしい食べ物がある」ということも大切な論点だと思います。観光するときは、やはりおいしいものが食べたいですから。
Aさん	そうですね。では、「おいしい食べ物がある」も論点にしましょう。ほかはどうですか。
Dさん	「日本が感じられる」という論点はどうでしょうか。両親はせっかく日本に遊びに来たので、日本が感じられるところに案内したら、喜んでくれると思います。
Aさん	なるほど。確かにそうですね。それでは、今回のディスカッションの論点は「交通が便利」「おいしいものが食べられる」「日本が感じられる」の三つにしましょう。一つ目の論点「交通が便利」に当てはまる観光地には、どこがありますか。
Bさん	「三宮」はどうですか。神戸駅からだと、とても近いですよね。交通費もほとんどかからないと思います。

Dさん	そうですね。神戸駅から三ノ宮駅まで、電車で片道140円ですよね。
Aさん	それは安いですね。また、「大阪」へ行くのも、比較的交通費は安いですよね。確か片道460円だったと思います。
Cさん	確かに「大阪」も交通が便利ですよね。新快速だと、神戸から25分で行けます。
Bさん	25分で行けるといいですね。あっ、「京都」はどうですか。新快速なら60分弱で行けます。
Dさん	でも、電車代が少し高いですよね。確か片道1,000円以上かかると思います。
Aさん	片道1,000円だと、往復で2,000円ですよね。そうすると、両親と自分の交通費だけで6,000円…。今回の予算は2万円以内ですから、交通費だけで3分の1を使ってしまいますね。
Bさん	でも、「京都」には懐石料理や湯豆腐などのお店がたくさんありますよ。伝統的な和食が食べられれば、両親は喜ぶと思います。
Dさん	今、懐石料理が食べられるとおっしゃいましたが、懐石料理は値段が高いのではないですか。今回の予算は2万円以内なので、両親と3人で懐石料理を食べるのは難しいのではないでしょうか。
Bさん	あー、確かに。
Aさん	今、食べ物の話題になっていますね。それでは、二つ目の「おいしい食べ物がある」という論点に移って話し合いましょうか。
Cさん	おいしい食べ物なら「三宮」にもありますよね。「三宮」は有名な洋食のお店が多いですし、元町中華街ではおいしい中華料理も食べられます。
Dさん	確かにそうですね。また、「大阪」にもおいしい食べ物がたくさんありますよ。
Bさん	そうですね。「大阪」は食道楽の町ですからねえ。例えば、「大阪」のたこ焼きはおいしいし、それに値段も安いですよね。
Aさん	でも、たこ焼きは「大阪」じゃなくても食べられますよね。「三宮」にもたこ焼きのお店はあるし…。例えば、伊勢うどんは「伊勢」の名物で、「伊勢」に行かなければ食べられません。
Cさん	私もそう思います。それに「伊勢」には赤福もありますよね。赤福も「伊勢」の名物です。そして、「伊勢」には伊勢神宮があります。伊勢神宮は日本で一番有名な神社ですから、両親を案内するのにいいところだと思います。
Aさん	確かにそうですね。今、Cさんは「伊勢」には伊勢神宮があるとおっしゃいましたが、伊勢神宮は「日本が感じられる」という論点で話し合うことだと思います。ここからは三つ目の論点に移って話し合いを進めましょうか。

Bさん	あのー、さっき、Cさんは「伊勢神宮は日本で一番有名な神社」とおっしゃいましたが、必ずしもそうとは言えないのではないでしょうか。例えば、「京都」には伏見稲荷大社がありますが、伏見稲荷大社は外国人にとても人気があって、日本を代表する神社だと思います。
Dさん	確かに、伏見稲荷大社の千本鳥居は有名ですよね。
Bさん	はい。それに、「京都」には伏見稲荷大社のほかにも、金閣寺や清水寺など、有名なお寺が数多くあります。やはり、「日本が感じられる」ところは「京都」だと思います。
Aさん	有名なお寺は「奈良」にもたくさんありますよね。先日、私は東大寺に行きましたが、本当にすばらしいところでした。それに、東大寺の周辺には鹿もたくさんいます。外国人にとっては、とても珍しい光景だと思います。
Dさん	それに、「奈良」には法隆寺もありますよね。法隆寺は日本で最初の世界文化遺産ですから、両親にもぜひ見てほしいです。
Cさん	日本で最初の世界文化遺産と言えば、姫路城もそうですよね。「奈良」は神戸から行くには遠いです。でも、「姫路」は神戸駅から40分ほどで行けるし、世界文化遺産の姫路城も見られるし、いいところだと思います。
Dさん	でも、神戸駅から「姫路」までは、片道で1,000円くらいかかりますよ。先ほど「京都」のときにも話題になりましたが、片道1,000円は高いですよね。今回の予算は2万円以内だし。
Cさん	あー、そうですねえ…。
Bさん	あのう、お城と言えば、「大阪」にも大阪城がありますよね。大阪城も日本が感じられる建物だと思います。
Dさん	でも、大阪城ってそれほど古い建物じゃないですよね。せっかく両親を連れて行くのに、そんな新しい建物を見せても仕方ないのではないですか。
Bさん	確かに、大阪城は、建物自体は新しいですけど、でも、日本らしい建物だと思います。
Cさん	そうですよね。大阪城は日本らしい建物という点では、私も賛成です。
Bさん	あ、そろそろ時間がせまってきました。Dさん、記録を見せてもらえますか。
Dさん	はい、わかりました。

【ディスカッションの記録】

条件 出発地：神戸駅、予算：2万円以内、案内する相手：両親

論点 / 選択肢	① 交通が便利（安い・近い）	② おいしい食べ物がある	③ 日本が感じられる
三宮	交通費がほとんどかからない。（神戸－三ノ宮 140円、4分）	洋食店が多い。元町中華街で中華料理が食べられる。	
大阪	交通費が安くて、近い。（神戸－大阪 460円、25分）	食道楽の町で、おいしい食べ物が多い。	大阪城がある。
京都		伝統的な和食（懐石料理、湯豆腐）が食べられる。	有名な神社やお寺が多い。（伏見稲荷大社、金閣寺、清水寺など）
伊勢		伊勢うどんや赤福が食べられる。	伊勢神宮がある。
奈良			有名なお寺が多い。（東大寺、法隆寺など）鹿がいる。
姫路	神戸から近い。しかし交通費は高い。（神戸－姫路 990円、38分）		姫路城がある。

> **ポイント！**
> 「選択型(B)」のディスカッションを記録するときは、選択肢を縦軸、論点を横軸にして、表の形で整理していくとわかりやすいです。

「②結論を出す」

発言者	発言内容
Aさん	それでは、ここまでの話し合いを確認しましょう。今、選択肢として、「三宮」「大阪」「京都」「伊勢」「奈良」「姫路」という六つの観光地が出ました。この六つの観光地の中で多くの論点に該当しているものはどれですか。
Bさん	「大阪」は三つの論点すべてに該当していますね。
Dさん	確かにそうですね。近くて、たこ焼きが食べられて、大阪城が見られて、いいかもしれません。
Cさん	ただ、おいしい食べ物という点で言えば、たこ焼きよりも伊勢うどんや赤福のほうが魅力的だと感じます。
Aさん	そうですね。伊勢神宮も有名だし、伊勢に行くのも捨てがたいですよね。
Bさん	でも、伊勢は神戸から遠くて時間もかかるのが、やっぱり気になります。
Dさん	そう考えると、大阪がちょうどいい場所でしょうか。京都はどうですか。
Bさん	京都も懐石料理が有名ですけど、値段が高いという意見が出ましたよ。
Cさん	そうでした。それなら、結論は大阪がいいと思います。でも、伊勢のことも結論で話すのはどうでしょうか。
Aさん	いいですね。それでは、今回のディスカッションの結論は「大阪」にしましょう。理由は、論点を使って説明しましょう。「交通が便利で、おいしい食べ物があって、日本が感じられるから」ということで、いいでしょうか。
Bさん Cさん Dさん	はい。
Aさん	では、これでディスカッションを終わります。詳しい結論の説明には、伊勢の話を入れることにしましょう。

「③結論を報告する」

発言者	発言内容
先生	では、結論の報告をお願いします。
Cさん	はい。 **[前提条件]** 私たちのグループは、「出発地は神戸駅、予算は2万円以内、案内する相手は両親」という前提条件でディスカッションを行いました。 **[結論（意見）]** その結果、日本で観光案内するなら、大阪がいいという結論に至りました。 **[理由]** なぜなら、交通が便利で、おいしい食べ物があって、日本が感じられるからです。 　論点①「交通が便利」 　論点②「おいしい食べ物がある」 　論点③「日本が感じられる」 **[詳しい説明①　論点「交通が便利」]** まず、大阪は神戸から近くて交通費もあまりかかりません。神戸から大阪まで、JRで25分、460円です。 **[詳しい説明②　論点「おいしい食べものがある」]** また、大阪は食道楽の町で、たこ焼きなど、おいしい食べ物が多いです。 **[詳しい説明③　論点「日本が感じられる」]** さらに、大阪には、大阪城という有名なお城があります。大阪城に行けば、日本が感じられると思います。 **[詳しい説明④　ほかの選択肢]** ほかに、伊勢がいいという意見も出ました。伊勢うどんや赤福がおいしいし、伊勢神宮も有名だからです。ただ、神戸からは遠く、時間も交通費もかかるので、今回は結論にしませんでした。 **[まとめ]** 以上から、日本で観光案内するなら、大阪がいいと考えます。

［技術3］結論を出す

巻末資料

 巻末資料1　評価について

 巻末資料2　達成目標について

 巻末資料3　テーマ例

 巻末資料4　日本語表現例

巻末資料1　評価について

　本テキストでは、学習者用の評価項目と教師用の評価項目をそれぞれ用意しています。ここでは、この2種類の評価項目について説明します。

＜学習者用の評価項目（学習者が自己評価する）＞

　一つは、学習者がディスカッション活動の中で自分の能力を把握するために用いる評価項目です。ディスカッション活動を通して、自分は何ができたか、何ができなかったかを自己評価として測るものです。この評価項目は、「日本語教育の参照枠」におけるB1〜B2レベルの「方略Can do」と「能力Can do」を踏まえて作成したもので、Can doの記述形式で記載されています。この項目設定の詳細は、巻末資料2「達成目標について」（p.149）を見てください。

　このCan do項目は、ディスカッション自体の評価に用いるのではなく、あくまでディスカッションの中で自分が何をどの程度できたか、その能力、到達度を自分で判断するものです。自己評価として学習者が使用することを想定しているので、これらの評価項目は✓（チェック）式でテキスト内に記載しています。学習者は、ディスカッションが終わったあとに、この評価項目について自身のディスカッションのふりかえりを行います。ディスカッションを録画しておくと、ふりかえりの際に録画を見ながらふりかえることもできます。ふりかえりの中で気がついたことは記録しておいて、次回のディスカッションに生かします。

＜教師用の評価項目（教師が学習者を／ディスカッション活動を評価する）＞

　もう一つは、教師が学習者の現時点の能力・到達度を把握するため、あるいはディスカッション活動自体の完成度を評価するために用いる評価項目です。正確なやり取りができているか、チームワークに問題はないか、結論は妥当かといったことを教師が評価します。この評価項目は、「日本語教育の参照枠」におけるB1〜B2レベルの「活動Can do」を念頭に、独自に作成したものです。「日本語教育の参照枠」にはディスカッションに相当する「活動Can do」の記載がないため、「日本語教育の参照枠」に直接的に対応しているわけではありません。この評価項目は、五つのカテゴリーから構成されています。

1．【基本】・・・ディスカッションの基本技術にかかわる項目です。
2．【表現】・・・ディスカッションで用いる表現にかかわる項目です。
3．【内容】・・・ディスカッションで発言した内容にかかわる項目です。

4．【チームワーク】・・・ディスカッションでのチームワークにかかわる項目です。

5．【結論】・・・ディスカッションで出された結論にかかわる項目です。

上記の五つの項目のうち、1・2・3は、個人評価です。ディスカッションに参加している人それぞれについて評価を行います。4・5の項目は、グループ評価です。ディスカッションのグループとしてチームワークがどうであったか、結論はどうであったかを評価しますので、グループのメンバー全員が同一の評価となります。

このテキストでは、これらの評価項目は、教師がテストの際に使用すること、学習者の各活動を評価する際に使用することを想定しています。

ただし、本テキストのすべての活動をテストとして行う必要はありませんし、すべての項目を評価する必要もありません。発言の内容を重視して評価したい場合には【内容】の項目を、チームワークを重視して評価したい場合には【チームワーク】の項目だけを評価するなど、柔軟に運用することができます。また、実践編のディスカッションの評価は、技術編を踏まえた大枠の評価となっていますが、ここに、技術編の細かい評価を入れ込むことも可能です。例えば、ディスカッションの「適切な表現で発言ができている」という評価を、「意見」「理由」「質問」「同意」「反論」に細かく分けて評価すると、【表現】をより重点的に評価することができるでしょう。

このように、以下の評価項目は、あくまでも参照するものですので、授業の内容・進度に合わせて、評価項目の中から、必要なものを、必要なときに活用してください。

【実践編】

評価項目 ＜個人＞

① ディスカッションの基本ができている【基本】

② 適切な表現で発言ができている【表現】

③ 妥当な内容の発言ができている【内容】

評価項目 ＜グループ＞

④ 協力してディスカッションができている【チームワーク】

⑤ 妥当な結論を出して合意形成ができている【結論】

⑥ 適切に結論の報告ができている【結論】

【解説編】

● ディスカッションの基本

評価項目＜個人＞

① あいづちを打っている【基本】

② アイコンタクトができている【基本】

③ 丁寧な発言・表情・動作である【基本】

④ メモができている【基本】

⑤ 大きな声で話している【基本】

【技術編】

〔考える〕

● アイディア出し

評価項目＜個人＞

① 論点に沿ったアイディアを出している【内容】

評価項目＜グループ＞

② グループが均等に発言している【チームワーク】

③ 全員が役割のとおりに動いている【チームワーク】

〔話す〕

● 意見と理由を述べる

評価項目＜個人＞

① 適切な表現で意見を述べることができている【表現】

② 適切な表現で理由を述べることができている【表現】

③ 意見を支えるための理由として妥当である【内容】

● 質問する

評価項目＜個人＞

① 適切な表現で質問することができている【表現】

② 相手の意見をより深く理解するための質問として妥当である【内容】

● 同意する

評価項目 ＜個人＞

① 適切な表現で同意を示すことができている【表現】

② 相手の意見により説得力を持たせるための同意の発言として妥当である【内容】

● 反論する

評価項目 ＜個人＞

① 適切な表現で反論を示すことができている【表現】

② ディスカッションを深めるための反論の発言として妥当である【内容】

〔結論を出す〕

● 結論を報告する

評価項目 ＜グループ＞

① 適切な構成で報告できている【結論】

② ディスカッションで話したことを詳しく報告できている【結論】

③ 結論が一貫していて説得力がある【結論】

　これらの評価は、ディスカッションを録画して、あとで録画を見直すと、丁寧に行うことができます。録画すると、ディスカッションを何度も見返すことができるので、評価の項目が多かったり、ディスカッションの人数が多かったりする際に有効です。また、学習者のディスカッションを観察して、その場で評価を行うこともできます。その場で評価を行う場合、ディスカッション後すぐに評価を伝えられる点がメリットです。ただし、刻々と話題が展開していくディスカッションをその場で的確に評価するには、慣れが必要です。その場で評価を行う場合にも、念のために録画をしておくと安心かもしれません。

　どのようなやり方で評価するかは、評価項目の数や学習者の人数、評価に割ける時間、教師の負担などから判断してください。

◎評価表のサンプル

　評価は、ディスカッションのグループごとに評価表を用意すると便利です。個人評価の項目は個人ごとに、グループ評価の項目はグループで統一した評価をつけます。

　評価表のサンプルを以下に示しています。サンプルでは、各評価項目をA～Dの4段階評価として、それぞれに該当する記述を用意（＝ルーブリック形式）していますが、必ずしもこの通りにしなくてもかまいません。あくまで評価表を作成する際の参考として、必要に応じて改変してください。

評価表の例：ディスカッションの評価

名前				
役割（○をつける）	リーダー タイムキーパー 書記 報告者	リーダー タイムキーパー 書記 報告者	リーダー タイムキーパー 書記 報告者	リーダー タイムキーパー 書記 報告者
① ディスカッションの基本ができている	A B C D	A B C D	A B C D	A B C D
② 適切な表現で発言ができている	A B C D	A B C D	A B C D	A B C D
③ 妥当な内容の発言ができている	A B C D	A B C D	A B C D	A B C D
④ 協力してディスカッションができている	A B C D			
⑤ 妥当な結論を出して合意形成ができている	A B C D			
⑥ 適切に結論の報告ができている	A B C D			
アドバイス				

①ディスカッションの基本ができている【基本】
　A：あいづち、アイコンタクト、丁寧な発言・表情・動作、メモ、大きな声での発言がすべてできている
　B：あいづち、アイコンタクト、丁寧な発言・表情・動作、メモ、大きな声での発言のうち一つできていない
　C：あいづち、アイコンタクト、丁寧な発言・表情・動作、メモ、大きな声での発言のうち二つできていない
　D：あいづち、アイコンタクト、丁寧な発言・表情・動作、メモ、大きな声での発言のうち三つ以上できていない

②適切な表現で発言ができている【表現】
　A：意見、理由、質問、同意、反論がすべて適切な表現で発言できている
　B：意見、理由、質問、同意、反論がおおむね適切な表現で発言できている
　C：意見、理由、質問、同意、反論が適切な表現で発言できていない
　D：適切さが判断できるほど十分に発言できていない

③妥当な内容の発言ができている【内容】
　A：意見、理由、質問、同意、反論がすべてテーマと論点、それまでの議論に沿った妥当なものである
　B：意見、理由、質問、同意、反論がおおむねテーマと論点、それまでの議論に沿った妥当なものである
　C：意見、理由、質問、同意、反論がテーマと論点、それまでの議論に沿ったものではない
　D：妥当性が判断できるほど十分に発言できていない

④協力してディスカッションができている【チームワーク】
　A：グループ内で役割を適切に分担し、均等かつ活発に発言できている
　B：グループ内で役割を適切に分担できているものの、発言に少しの偏りがある
　C：グループ内で役割を適切に分担できているものの、発言に偏りがある
　D：グループ内で役割を適切に分担できてない、あるいはグループ全体の発言が少ない

⑤妥当な結論を出して合意形成ができている【結論】

　　A：ディスカッションの内容を踏まえた妥当な結論を出して全員が納得している

　　B：全員が納得しているものの、ディスカッションの内容からやや逸脱した結論を出している

　　C：全員が納得しているものの、ディスカッションの内容から逸脱した結論を出している

　　D：結論の妥当性にかかわらず、全員が納得していない

⑥適切に結論の報告ができている【結論】

　　A：適切な表現を用いて結論を報告し、質疑応答にも適切に回答できている

　　B：適切な表現を用いて結論を報告しているものの、質疑応答には適切に回答できていない

　　C：質疑応答には適切に回答できているが、適切な表現を用いて結論が報告できていない

　　D：結論の報告も質疑応答も適切にできていない

巻末資料2　達成目標について

　このテキストの「実践編」では、学習者がディスカッションにおいて「何ができるか」を自ら明確に意識し、自己評価ができるように、16項目の「達成目標」をあげています（表1）。これらは、CEFR: Common European Framework of Reference for Languages: Learning, teaching, assessment の理念と枠組みに基づいて作成された「日本語教育の参照枠」（文化審議会国語分科会、令和3年10月）のB1～B2レベルの言語能力記述文のうち、「方略 Can do」と「能力 Can do」の以下の部分から選び出したものです。（選び出したのちに記述を簡略化したものが（表2）です）。

・方略 Can do（言語使用の際のストラテジーについての言語能力記述文）
　「産出的言語活動の方略」… 計画、補償、モニタリングと修正
　「相互行為的（やり取り）言語活動の方略」… 発言権の取得、協力、説明を求めること

・能力 Can do（言語能力、社会言語能力、言語運用能力についての言語能力記述文）
　(1) 言語能力－④音声能力：音素の把握
　(2) 社会言語能力－社会言語的な適切さ
　(3) 言語運用能力－①ディスコース(談話構成)能力：柔軟性、話題の展開、一貫性と結束性
　　　　　　　　　－②機能的能力：話し言葉の流暢さ、叙述の正確さ

　以上の部分から、このテキストで学習者に身につけてほしいこと、かつ、学習者にとって目標として設定しやすいものを慎重に選択し、検討した上で、単文にしたものを配置しました。「方略Can do」と「能力Can do」をよりどころとしたのは、特に中上級～上級の学習者にとって、より実践的で具体的な目標を設定する必要があると考えたためです。これは実際の授業における筆者らの経験と反省を踏まえているのですが、よく使用される「全体的な尺度」は、レベルの包括的な記述であり、特定の言語活動における行動目的および自己評価項目としては、設定しづらい面がありました。また、「活動 Can do」は"ディスカッション"というカテゴリーがないため、＜話すこと＞＜やり取り＞＜発表＞などの言語活動の枠組みの中から、該当すると思われる記述を任意かつ横断的に取り上げていくことになりますが、一貫性に欠けてしまう

のは否めません。さらに、本テキストが重視する「協力してディスカッションを進め、結論に至る」を担保するような記述は見当たらないと判断しました。なお、テクストのまとまりや処理に関する「テクスト Can do」に記述されていることも、このテキストのディスカッションで特に求めるものではないため、参考のみにとどめました。

（表1）本テキストが掲げるディスカッションの達成目標 16 項目

			達成目標
実践1	協力	1	ほかのメンバーの意見に対して、ことばや表情・態度で反応できる。
		2	ほかのメンバーの話がわからないときに、適切なことばを使って確認できる。
	音声	3	はっきりとした、自然な発音やイントネーションで話せる。
	社会言語	4	礼儀正しいことばづかいができる。
実践2	計画	5	自分がどんなことを話すか、前もって計画を立てることができる。
	モニタリングと修正	6	自分が話すとき、よくする間違い（文法・表現・発音・態度など）に気をつけることができる。
	発言権の取得と保持	7	話したいことがあるとき、適切な表現を使ってターンを取ることができる。
	協力	8	ほかのメンバーを話し合いに誘い入れることができる。
実践3	計画	9	自分がどんな日本語を使って話すか、前もって計画を立てることができる
	発言権の取得と保持	10	考えているときは「そうですね…」などのことばを使って、時間を稼ぐことができる。
	協力	11	自分が今から話すことの「前置き」ができる。
		12	ほかのメンバーが話した内容を要約して、その論点を確認することができる
実践4	発言権の取得と保持	13	ターンを取ってから、スムーズに話しはじめ、終わることができる。
	協力	14	ほかの人の意見と自分の意見を関連づけて、話を発展させることができる。
		15	ディスカッションの流れを調整することができる。
		16	全体として、ディスカッションの発展に貢献することができる。

1～4　実践1（選択型A）

　　… 態度、マナー、発音など、ごく基本的なことができるようになる。

5～8　実践2（選択型B）

　　… 計画、モニタリング、発言権の取得と保持など、自分がディスカッションに積極的に、計画的に参加するために必要なことができるようになる。

9～12　実践3（賛否両論型）

　　… 日本語表現の充実、他者の発言内容の理解と確認、自分の意見と他者の意見との関連付けなど、ディスカッションに能動的・協力的に参加できるようになる。

13～16　実践4（問題解決型）

　　… ディスカッションをコントロールする日本語表現の充実、他者の発言内容の理解と確認、自分の意見と他者の意見との関連付けなど、ディスカッションに協力的に参加し、発展に貢献できるようになる。

（表2）「日本語教育の参照枠」方略 Can do 一覧、能力 Can do 一覧における B1～B2 レベルの言語能力記述文（参照した部分を簡略にしたもの）

方略 Can do		
B2	計画	発言内容およびその表現方法について計画を立てることができる
		発言内容およびその表現方法について受け手に与える影響を考えることができる
	補償	語彙やテクスト構成上の空白を補う間接的な表現や言い換えを使うことができる
	モニタリングと修正	特に意識している場合や誤解を引き起こしてしまった場合、言い損ないや誤りを修正することができる。
		自分のよくする間違いが分かっていて、その点に関して発言の際、意識的にモニタリングすることができる
B1.2	計画	新しい言葉の組み合わせや表現を稽古したり試したりして相手からフィードバックを得ることができる
B1.1		伝えたいことの視点を伝達する仕方を考えることができる
		その際、使える言語能力を総動員して表現のための手段が思い出せる
		あるいは、見つかる範囲内にメッセージの内容を限定する

B1.2	補償	直接当てはまる言葉は思い出せないが、具体的な特徴を定義できる
		自分の言いたかったことを類似の意味を持つ表現で言い換えることができる
B1.1		伝えたい概念に類似した意味を持つ簡単な言葉を使って、聞き手にそれを正しい形に修正してもらうことができる
		母語を学習対象の言語の形に変えて使ってみて、相手に確認を求めることができる
B1.2	モニタリングと修正	相手から問題を指摘されたら誤解を招くような表現や時制などの混乱を修正できる
B1.1		自分が使った言語形式が正しいかどうか確認することができる
		コミュニケーションが失敗したときは別の方略を用いて出直すことができる
B2	発言権の取得／保持	適切な表現を使って議論に途中から入り込むことができる
		上手に発言権を取って会話を始め、進め、終えることができる
		会話を始めること、適切な時に発言権を取り、必要な時に終わらせることができる
		手持ちの言い回し（例：それは難しい問題ですね）を使って、言うべきことを言葉にする間、時間を稼ぎ、発言権を保ち続けることができる
	協力	相手の反応や意見、推論に対応してFBを与え、議論の進展に寄与できる
		身近な範囲の議論なら、自分の理解したことを確認したり、他の人の発言を誘ったりして議論の発展に寄与できる
	説明を求める	相手の発言を正しく理解したかどうかを確認するための質問ができる
		曖昧な点の説明を求めることができる
B1.2	発言権の取得／保持	適切な言い回しを使って馴染みのある話題についての議論に途中からでも加わることができる
B1.1		馴染みのある話題や個人的興味のある話題なら、対面の簡単な会話を始め、続け、終わらせることができる

B1.2	協力	会話や議論を進めるために、基本的な言葉や方略の中から持っているものを利用できる
		議論の中で合意点を要約し、話の焦点を整えることができる
B1.1		誰かが述べたことを部分的に繰り返して、互いの理解を確認し、計画通り話が展開するのに寄与できる
		他の人を話し合いに誘い入れることができる
	説明を…	誰かが言ったことを明らかにするよう、詳しく説明するよう人に求めることができる

能力 Can do		
B2	音声	はっきりとした、自然な発音やイントネーションを身に着けている
B1		時に外国語なまりや発音の間違いもあるが、大体よく理解できる程度に発音が明瞭
B2.2	社会言語学的な適切さ	その場や会話の参加者に応じた適切な言葉遣いではっきりと理解できる
B2.1		礼儀正しい言葉遣いで自分の述べたいことを自信を持って言うことができる
		言語化する際に深刻な誤りを犯すことなく、色々な場面で自分の述べたいことを表現できる
B1		中立的、ごく一般的な言葉遣いで幅広い言語機能を遂行し、対応できる
		明示的な礼儀習慣を認識しており、適切に行動できる
		目標言語の文化と自身の文化間との慣習、言葉遣い、態度、価値観や信条について最も重要な違いに対する認識があり、それを配慮することができる
B2.2	柔軟性	その場の状況や聴き手に応じて内容、話し方を調節することができる
		その場の状況にふさわしい言葉遣いができる
B2.1		会話の流れ、話し方、強調の変化に適応することができる
		自分が述べたいことを表現する仕方に変化を付けることができる
B1.2		難しい場面でも型通りの表現をあまり多用せず、表現を順応させることができる
B1.1		簡単な言語を幅広く柔軟に使って、述べたいことを多く表現できる
B2	話題の展開	論拠となる詳細関連事項や具体例などによって自分の主要な論点を補強し、明快な描写や語りができる
B1		事柄を直線的に並べていって、比較的流暢に、簡単な語りや記述ができる

B2.2	一貫性・結束性	複数の考えの間の関係を明確にするため、様々な結合語を効果的に使う事ができる
B2.1		限定的な範囲で、様々な結束手段を使って自分の発話を明快で結束性のあるディスコースへ作り上げることができる
B1		短めの、単純でバラバラな成分をいろいろ結び合わせて直線的に並べ、つながりを付けることができる
B2.2	流暢さ	長く、複雑な一連の発話であっても非常に流暢で余裕がある
B2.1		比較的一定の速さを保って発話できる
		言い方の型や表現を探す際に詰まることがあっても、目立って長い時間は空かない
B1.2		自分の表現したいことを比較的容易に表現できる
		言語化する際に間が空いたり袋小路に入り込んだりするものの他人の助けを借りずに発話を続けることができる
B1.1		ある程度の長さの理解可能な発話を行うことができる
B2	正確さ	信頼を得られる程度に情報を詳しく伝えることができる
B1.2		概念や主要な点を比較的正確に表現することができる
B1.1		直接関わりがあることは簡単かつ分かりやすい形で情報を伝えることができる
		自分が最も大切だと思う点を聴き手に理解させることができる
		自分が主張したい主な点を聴き手が理解できるような形で表現することができる

巻末資料3　テーマ例

　このテキストでは、四つのタイプのディスカッションを扱っています。これらのディスカッションのテーマは、解説2「ディスカッションのタイプ」（参照：p.85）でもいくつか紹介していますが、そのほかに、以下のようなテーマ例もあります。ここではディスカッションのタイプごとに10のテーマを紹介していますが、そのうち、「1」が最も身近な「軽い」テーマで、数字が大きくなるほど、社会的・普遍的な「重い」テーマとなっています。授業でディスカッションを実施する際、学習者のレベルや興味・関心に合わせて、適宜、ご活用ください。

【選択型ディスカッション（A）】

1．服を買うなら、インターネットか店頭か
2．映画を観るなら、映画館かインターネットか
3．スポーツ観戦するなら、テレビ中継か試合会場か
4．夏休みに旅行するなら、北海道か沖縄か
5．大学での昼食は、学食か弁当か
6．勉強するなら、図書館かカフェか
7．卒業式に着ていくのは、スーツか伝統衣装か
8．リモートと出社、どちらが働きやすいか
9．時間とお金、どちらが大切か
10．友情と恋愛、どちらが大切か

【選択型ディスカッション（B）】

1．一緒に住むなら、どんなペットがいいか
2．初デートで遊びに行くなら、どこが一番いいか
3．クラスの忘年会をするなら、どんな店がいいか
4．大学祭で出店するなら、何が一番いいか
5．語彙を増やす方法として、何が一番いいか
6．結婚のお祝いを贈るなら、何が一番いいか
7．子どもに習い事をさせるなら、何が一番いいか
8．企業面接のとき「服装は自由」と言われたらどんな服で行けばいいか
9．大学生が最も力を入れるべきことは何か

10．日本の企業で働くのに最も重要な能力は何か

【賛否両論型ディスカッション】

1．店でトイレだけ借りるのはOKか

2．旅行のお土産を人にあげるべきか

3．学校の制服に賛成か反対か

4．日本語の作文授業でスマートフォンの翻訳機能を使用することに賛成か反対か

5．大学構内の完全禁煙化に賛成か反対か

6．未就学児に英語を学ばせることに賛成か反対か

7．救急車の無償利用をやめるべきか否か

8．定年の年齢を引き上げることに賛成か反対か

9．動物に芸をさせることに賛成か反対か

10．安楽死に賛成か反対か

【問題解決型ディスカッション】

1．効果的なストレス解消方法は

2．留学先で友だちをたくさん作るには

3．自分の大学の国際化を進めるには

4．日本社会でキャッシュレスを普及させるには

5．企業の人手不足を解消するには

6．コミュニケーション能力を高めるには

7．苦手な人とうまくやっていくには

8．信頼される人になるには

9．自己肯定感を高めるには

10．多文化共生社会を実現するには

巻末資料4　日本語表現例

（1）自分の意見を述べる際の前置き

・私の意見は（× 私的には）、

・一つの考え方として、

・{基本的／一般的}には、

・{どちらかというと／あえて言えば／しいて言うなら／見方によっては}、

・〜という{見方／観点／側面／立場}からすれば、

・〜に関して私の考えを述べますと、

・〜という条件なら、

（2）賛成（同意）の意志を表明する

・あー（なるほど）。

・そうですね。

・それは{あります／言えます／考えられます}ね。

・おっしゃるとおりですよね。

・そのとおりだと思います。

・その点に関しては私も同意見です。

・私もそう思います。

・その点では、○○さんに{賛成です／異論はありません}。

（3）反対（不同意）の意志を表明する

〔直接的〕

・いえ、{でも／しかし}〜

・私の意見は少し異なります。

・{それ／そのご意見}には{同意できません／同意しかねます／反対です}。

・それは{違う／不可能だ／あり得ない／考えられない／問題がある}と思います。

〔婉曲的〕

・私の意見は少し異なるんですが…。

・そうでしょうか…。

・それはどうかと思います。

- それはどうでしょうか。
- 実際には、難しいのではないでしょうか。

（4）どちらでもない、迷っている
- うーん、どうでしょうか…。
- それについては何とも…。
- どちらとも言えませんね。
- よいとも悪いとも言えません。
- 〜かどうか、今のところ私は判断できません。
- それは判断が難しいですね。

（5）いったん認めてから反論する
- ｛それはそう／その通り／もちろん｝なんですが、
- 確かに｛おっしゃる通り／その通り｝なんですが、
- 理論的には｛そう／可能／認められる｝かもしれませんが、
- 確かに｛ある意味では／見方によっては／一方では｝〜ですが、
- もっともなご意見ですが、
- 〜ということは理解できますが、

（6）相手が言ったことを確認する
- 〜ということ｛ですね／ですか／でしょうか｝？
- 〜ということでよろしいですか？
- 〜とおっしゃっているのですね。
- 〔聞き取れないとき〕すみません、ちょっと聞き取れなかったんですが…。
- 〔意味がわからないとき〕すみません、ちょっとおっしゃっていることが…。

（7）理由をたずねる
- ｛なぜ／どうして｝ですか？
- ｛なぜ／どうして｝そのようにお考えなのですか？
- それは、どういう理由からですか？
- と、｛言います／おっしゃいます｝と？

（8）自分の主張や提案を聞いてもらう

・〜｛と／ば／たら｝よいと思うのですが｛どうです／どうでしょう／どう思われます｝か？

・〜というのは｛どうです／どうでしょう｝か？

・〜｛と／ば／たら｝よいと思うのですが。

・〜｛と／ば／たら｝いいかもしれませんね。

・〜のではないでしょうか。

（9）ほかのメンバーに発言を促す

・どう思われますか？

・｛皆さん／○○さん｝、｛いかが／どう｝ですか？

・この点について｛皆さん／○○さん｝はどう｛思われます／お考えです｝か？

・この点について、ぜひ、｛皆さん／○○さん｝のご意見をうかがいたいのですが。

・何かご意見は（ありませんか）？

（10）相手の発言を止める

・ちょっと待ってください。

・いえ、そうではなくて…。

（11）間を取る（考えている、ことばが出てこない、うまく言えないとき）

・えー…。

・あのー…。

・そうですね…。

・何と言いますか、その…。

・すみません、ちょっと考えさせてください。

・難しい問題ですよね…。

（12）相手の発言と自分の発言を関連づける

・私も○○さんと同じで、〜

・私は○○さんの意見とは違って、〜

・私もその点に｛疑問／関心／興味｝をもちました。私は、〜

・今のご意見に｛関連して／付け加えて｝言いますと、〜

- なるほど。そうすると、〜
- 先ほど〇〇さんは〜とおっしゃいましたが、そうすると、〜
- 先ほどのご意見を〜と理解したのですが、そうすると、〜
- つまり、〇〇さんがおっしゃるのは〜ということですね。そうすると、〜

（13）自分が今から発言することの前置きをする
- よく言われているように、
- これは皆さんもよくご存じ｛だ／か｝と思いますが、
- あくまで｛個人的／一般的／一面的｝な考えですが、
- 専門的なことはよくわからないのですが、
- あまり自信はないのですが、
- うまくまとまらず申し訳ないのですが、
- 一つ、言い忘れたのですが、
- 補足しておきたいのですが、
- 繰り返しになりますが、
- 話は戻りますが、
- ちょっと言いにくいことなのですが、
- 重要なことは、
- 要するに、
- 私が強調したいのは、
- ぜひ｛ご理解／おわかり｝いただきたいのは、
- 結論として申し上げたいのは、

（14）発言・質問・補足する意志を表明する
- すみません、ちょっと｛よろしい／発言してもよろしい｝でしょうか。
- ちょっと｛確認したい／付け加えたい／お聞きしたい｝ことがあるのですが、
- ちょっと疑問に思ったんですが、

（15）討論の流れを調整する
- えーと、そのことはあとで…
- その点については、のちほど議論しませんか？

- ｛その前に／まず／先に｝〜について議論しませんか？
- ちょっと論点がずれてきたように思うんですが。
- ちょっと論点が違うような気が…。
- そろそろ｛論点／話題｝を変えませんか？
- もう一度〜について議論したいのですが。
- 話を戻しましょうか。
- いったん、｛論点／意見｝を整理しましょうか。
- お話の途中で｛すみません／申し訳ありません｝が、

    ※ほかの人の話を止めて自分の意見を言うために使ってはいけません。制限時間が近づいてきたときや、どうしても別の話をする必要があるときに使います。

【著者】

香月　裕介（かつき　ゆうすけ）
神戸学院大学グローバル・コミュニケーション学部准教授
専門は日本語教育、教師研究。

下岡　邦子（しもおか　くにこ）
神戸学院大学グローバル・コミュニケーション学部講師
専門は日本語学、初年次教育。

福原　香織（ふくはら　かおり）
神戸学院大学グローバル・コミュニケーション学部非常勤講師
専門は言語学（統語論）、日本語学。

日本語で考える・話す・結論を出す
留学生のためのディスカッショントレーニング

2024年11月29日　初版第1刷発行

著　　　者	香月裕介，下岡邦子，福原香織
発　　　行	株式会社　凡　人　社 〒102-0093 東京都千代田区平河町1-3-13
装丁デザイン	コミュニケーションアーツ株式会社
印刷・製本	錦明印刷株式会社

ISBN 978-4-86746-041-2
©KATSUKI Yusuke, SHIMOOKA Kuniko, FUKUHARA Kaori　2024　Printed in Japan
落丁本・乱丁本はお取り替えいたします。
本書の一部あるいは全部について、著作者から文書による承諾を得ずに、いかなる方法においても無断で転載・複写・複製することは、法律で固く禁じられています。